メンフィス・アンリミテッド

MEMPHIS UNLIMITED

暴かれる南部ソウルの真実

鈴木啓志 Hiroshi Suzuki

ele-king books

メンフィス・アンリミテッド

――暴かれる南部ソウルの真実

目次

序文
ザッツ・ハウ・ストロング・マイ・ラヴ・イズ

メンフィス・サウンドとの邂逅

メンフィス・ソウルはソウル・ミュージックの入口にあり、なおかつ出口にあるようなそんな音楽だった。65年にオーティス・レディングと出会い、以後ウィルソン・ピケット、パーシー・スレッジ、サム&デイヴ、アレサ・フランクリン、ジェイムス・カーなどとの邂逅は今思えば夢のような時であった。それらのスタイルはメンフィス・サウンドのキャッチフレーズで67年頃から日本の若者の間にも浸透し、様々な現象を引き起こした。正確にいえばパーシー・スレッジとアレサ・フランクリンはメンフィスで録音したことなどない。だがメンフィス・サウンドという言葉はその時代的雰囲気を見事にとらえていた。66年初頭勇気を振り絞ったわたしはラジオで何回か耳にしただけのオーティス・レディングというアーティストのヴォルト盤を手に入れるために銀座のヤマハ・レコードに足を踏み入れた。

65年に出されたオーティス・レディングの2枚目のアルバム『Sings Soul Ballads』（Volt 411）のジャケット写真。わたしにとっては66年にオーダーした初めてのＬＰ。

むろんそこにレコードが置いてあったわけではない。そこにあったカタログを頼りに海外オーダーをかけたのだ。そしてこの無謀とも言える決断が良くも悪くもわたしの運命を変えた。3ヵ月後手元に届いたレコードを夢中に聞いた。その中に「ザッツ・ハウ・ストロング・マイ・ラヴ・イズ」もあった。

68年になってこのオーダー方法に限界を感じたわたしは海外のレコード会社やレコード店に手紙を書き、直接オーダーする方法を思いついた。幸いそれに応えてくれたひとつのレコード会社があった。イギリスのアイランドである。その会社自体はイギリスで根付くスカなどを主に発売していたが、もうひとつスーというレーベルを作り、そこでいくつものアメリカ産R&Bを発売していたことを知っていた。しばらくして買ったLPに『Soul '66』というものがあった。主にヴィー・ジェイが扱っていた作品

英アイランドの68年のカタログ。左ページに『Soul '66』の写真も見える。

を集めたもので、目当てはむろんO・V・ライトだった。そのカタログに「ザッツ・ハウ・ストロング・マイ・ラヴ・イズ」のタイトルが書いてあったからだ。実はその前に日本のラジオ局でその曲を聞いたことはあったが、いざレコードに向き合うと、そのイメージは大きく広がった。すぐに始まるチャーチーなオルガン・プレイにまず襟を正され、それに続く荘厳とも言える声に引き込まれた。オーティスのダイナミックなヴァージョンに比べると、それは神秘的にさえ思えた。歌詞も少し違っているように思え、もし何の知識もなく聞かされたなら別の曲と言われてもわからなかったろう。なぜこれほど違うのか、それは長年大きな疑問となって残った。

ふたつの「ザッツ・ハウ・ストロング・マイ・ラヴ・イズ」

その経緯についてピーター・グラルニックはその著『スウィート・ソウル・ミュージック』の中でかなり突っ込んだ議論を展開している。当事者であるオーティスもO・Vも既に亡くなっていたので、彼はその作者であるルーズヴェルト・ジャミスンやオーティスのセッションに立ち会ったスティーヴ・クロッパーに話を聞き、その経緯を組み立てている(*1)。つまりジャミスンは最初その曲をスタックスに二度ほど持っていったが断られ、結局もうひとつのレーベル、ゴールドワックスのクイントン・クランチにO・V・ライトのデモ・テープを持っていったところ、一気に契約まで行ったという話である。彼はその際クロッパーに聞かせると彼はメロディと歌詞についてアドヴァイスをくれたのに、そのクレジット表記もないと憤慨していたという話まで載せている。だがこれはアーティストがよく陥る自分の手柄話と考えた方がいいだろう。クロッパーはオーティスの録音に付き合ったため、その記憶があだとなっているのだ。むしろジム・スチュアートがその曲に感じたという「ゴスペル色が強すぎる」という断り文句の方が当たっているだろう。

よく考えればジャミスンが2度もスタックスを訪れたというのは全く自然である。64年当時スタックスはメンフィスでガンガンヒット曲を生む唯一の会社だったからだ。それに比べゴールドワックスにはまだ全く実績はなかった。ジャミスンが何としてもスタックスに預けようと考えたのは当然すぎることだった。果たしてそれはいつどのように録音されたのだろうか。その点になるとグラルニックの筆先は急に鈍る。彼はオーティスの曲もほぼ同時期（64年末）に録音されたと書いているが、それが大きな齟齬の始まりとなった。残念なことに実証主義者のロブ・ボウマンまでが次のように〝堂々と〟書いているのは残念を通り越してあきれるというほかない。

「ライトとオーティスのレコードはほんの数日違いでリリースされ、間もなくローリング・ストーンズがこれを取り上げる。三種のヴァージョンの衝撃が相まって、同曲はすぐさまソウル・クラシックのひとつへと昇華した」（＊2）

これではまるでO・Vとオーティスはどちらの曲も知らずに独自に録音したように思えるではないか。なるほどそれだったらふたつの作品が別の曲のように思えても不思議ではない。だが事実はそうではない。真実はどこにあるのか。

残っていた記録

残念なことにグラルニックもボウマンも関係者に対する取材を重んじるあまり、それに頼り切って基礎資料の精査を怠ってしまっている。それが両者を迷路に導いてしまっているのだ。当時の資料を見返してみよう。まずビルボードとキャッシュ・ボックスという両誌が信頼に足る資料となるが、残念なことにビルボードのチャートにはこの曲は登場しないのだ。ところが幸いなことにキャッシュ・ボックスの方には当時の記録が残っている。それによればまず64年の6月27日付の号にO・V・ライトの「ザッツ・ハウ・ストロング・マイ・ラヴ・イズ」の小さなレヴュー記事が載ったという。続いて同じ年の9月19日付の〝ルッキング・アヘッド〟(P15)というランク表にやはりこの曲が載っている。この〝ルッキング・アヘッド〟というのはそのレコードの動きからキャッシュ・ボックスが独自に調べて次にトップ100に入りそうな有望曲を50曲並べたもので、その28位にO・Vはランクされていた。有望とはいっても大ヒットするような作品は

Cash Box
LOOKING AHEAD

A compilation, in order of strength, of up and coming records showing signs of breaking into The Cash Box Top 100. List is compiled from retail outlets.

1 THE LONG SHIPS (Screen Gems, Columbia—BMI) Charles Albertine (Colpix 726)
2 ME JAPANESE BOY I LOVE YOU (Jac, Blue-Seas—ASCAP) Bobby Goldsboro (United Artists 742)
3 POCAHONTAS (Wemar-BMI) Camelots (Ember 1108)
4 IF (Shapiro, Bernstein—ASCAP) Timi Yuro (Mercury 72316)
5 IT'S TIME FOR YOU (Northern Songs-BMI) Cilla Black (Capitol 5258)
6 GATOR TAILS AND MONKEY RIBS (Bloor-Hoffman-BMI) Spats (ABC Paramount 10585)
7 RINGO FOR PRESIDENT (Jonathan ASCAP) Young World Singers (Decca 31660)
8 THE DARTELL STOMP (Goins—BMI) Mustangs (Providence 401)
9 THE CLOCK (Saturn, Mon Ami—BMI) Baby Washington (Sue 104)
10 FUNNY GIRL (Chappell—ASCAP) ABSENT MINDED ME (Chappell—ASCAP)
26 BABY, BABY ALL THE TIME Superbs (Dore 715)
27 (SAY I LOVE YOU) DUM DEE DUM (Seventh Avenue BMI) Four Evers (Smash 1921)
28 THAT'S HOW STRONG MY LOVE IS (Rise—BMI) O. V. Wright (Gold Wax 106)
29 HUMBUG (Two-Beat BMI) Pete Fountain (Coral 62427)
30 YOU PULLED A FAST ONE (Aberbach—BMI) VIP's (Big Top 518)
31 I DON'T KNOW (Benders-BMI) Steve Alaimo (ABC Paramount 10580)
32 GONNA GET MY HANDS ON SOME LOVIN' (Jobete—BMI) Artistics (Okeh 1193)
33 I WANNA THANK YOU (Rittenhouse—BMI) Enchanters (Warner Bros. 5460)
34 GOIN' PLACES (Saturday—ASCAP) Orlons (Cameo 332)
35 BEACH GIRL (T.M., Blackwood—BMI) Pat Boone (Dot 16658)

Cash Box誌64年9月19日号。O.V.ライトの“That's How Strong My Love Is”が28位にランクされている。

いきなりチャート入りするのでここには含まれていない。この週ではベイビー・ワシントンの「ザ・クロック」、ベン・E・キングの「イッツ・オール・オーヴァー」、アレサ・フランクリンの「ラニン・アウト・オブ・フールズ」などがその後トップ100入りを果たしている。いや地味な曲ばかりですね。O・Vのその曲も順調にいけば、ヒットするはずであった。ところがいくら待っても名乗りを上げなかったのだ。なぜか。ここにデュークのドン・ロビーが絡んでくるのである。

恐らくドン・ロビーはそこにO・V・ライトの名前を見て驚いたのではないか。しかもGold Wax（こう表記されていた）などという聞いたこともないレーベルから出されているというのだ。

彼は烈火のごとく怒ったに違いない。O・Vはわがレーベル、ピーコックのサンセット・トラヴェラーズのリード・シンガーのひとりではないか、それがソロでよりによってセキューラー・レコードを出すとは契約違反ではないか。確かにロビーの言い分にもそれなりの理があった。トラヴェラーズは62年から64年にかけてピーコックで6枚のシングル盤を出しており、そのうち8曲までもがO・Vのリードになるものだった。ゴールドワックスのシングルを聞けば、それがロビーのよく知るシンガーであることは一目瞭然だったろう。ロビーは業界きってのいい意味でも悪い意味でもボス的存在だったから、彼ににらまれてはO・Vもクランチも引き下がるしかなかった。その条件は作品の権利はゴールドワックスに残るが、歌手の権利はピーコックに移るというものだった。何とその年の12月にはO・Vはバックビートのアーティストとして契約させられていた。9月にランクインされてからわずか3カ月、ロビーの恫喝がいかに激しかったかをそれは物語っている。

その騒動のおかげであと少しでチャート入りするはずだったその曲は葬られてしまった。だがそのシングル盤は今でも容易に手に入るのだ。相当数プレスされたことは間違いない。周知のよ

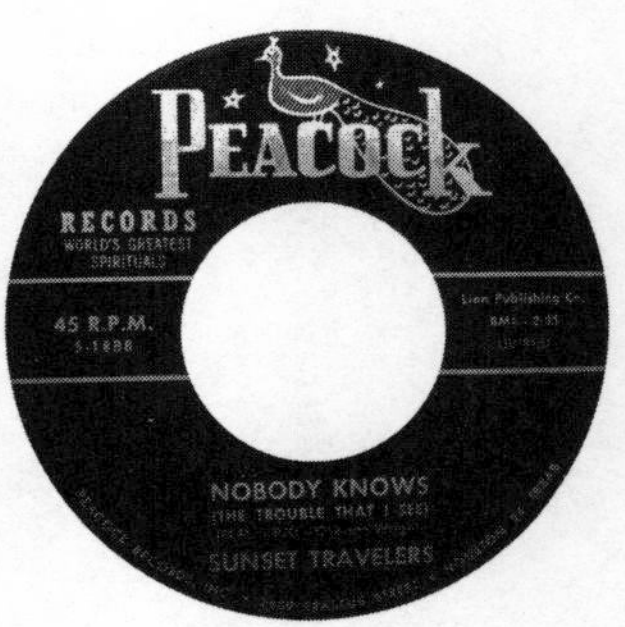

Sunset Travelersの作品のひとつ“Nobody Knows”。古典的な作品だが、早くもO.V.節が全開している。

うにこのシングル盤は3種あることが知られている。ひとつは白レーベルのいわゆるプロモ盤で、放送局やＤＪたちにばらまかれたものである。もうひとつは当時使われていた文字通り金色に光るレーベル・ロゴで、ゴールドワックスを体現しているデザインだった。このレコードは恐らく最初にプレスされたもので、数はそれほど多くない。ところがこのシングルにはもうひとつフラットなGoldwaxというロゴを持つ黄色地のレーベル・デザインがある。これはオヴェイションズの「アイム・リヴィン・グッド」の頃のデザインで、Ｏ・Ｖのこのシングル盤も65年になって再プレスされたことを物語っている。つまり作品自体はゴールドワックスが持つのでそれは取り決め違反ではなく、ディーラーの要望に応えて再プレスされたのだろう。こうしてこの曲は南部で

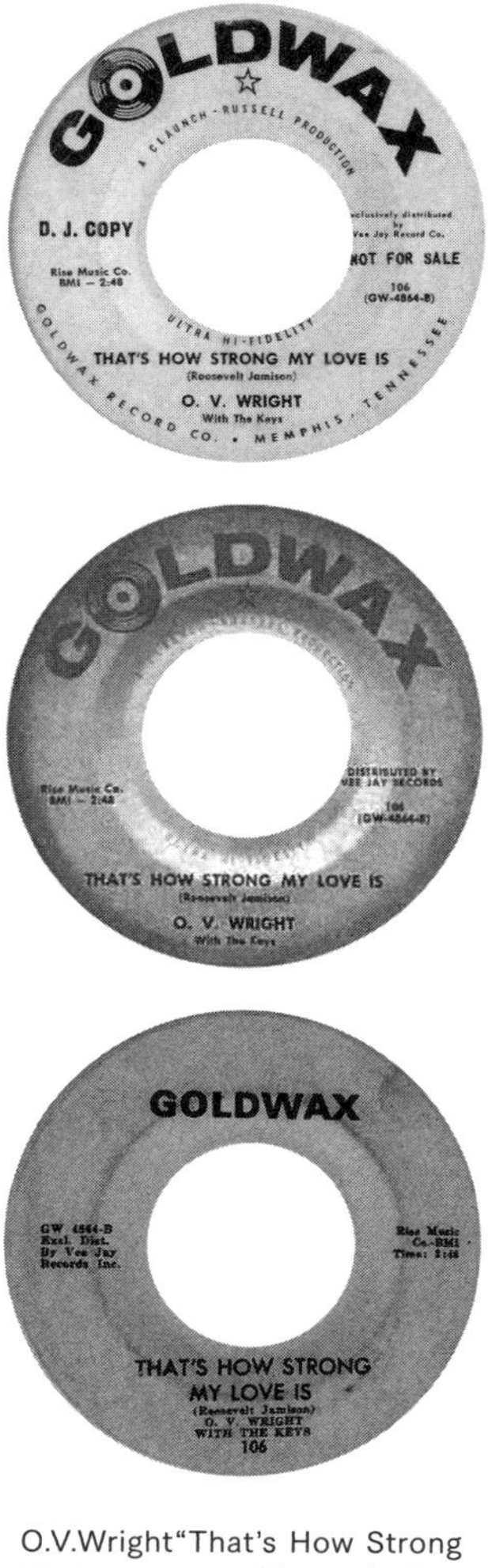

O.V.Wright“That’s How Strong My Love Is” の三種のロゴ。上から白いデモ・レーベル、金色レーベル、黄色レーベル。

は広く行きわたり、チャートに上がらなかったにもかかわらず深く浸透していくことになる。むろんそれにはO・Vのヴァージョンが格別の味を持っているという絶対的理由があった。

真実の経緯

先にも触れたようにこの作品は既に64年6月頃には告知されているから、その年の5月か6月にはレコーディングを終え、プレスに回されていただろう。そして9月には予備チャートには顔を出した。評判の作品だったからスタックスの面々はそれを当然耳にしていただろう。ところがドン・ロビーとのもめごとでそのヒットはもみ消され、12月には彼はバックビートのアーティストとなっていた。こうして憂いがすべてなくなった段階でスタックスは動き始めるのである。オーティス・レディングがスタジオ入りし、その曲を録音するのは年も押し詰まった64年12月28日のことだった。一緒に録音されたのは「ミスター・ピティフル」で、この2曲がカップリングされて市場に出た。意外なことに最初動いたのは「ザッツ・ハウ・ストロング・マイ・ラヴ・イズ」の方で、65年1月30日付でチャート入りを果たしている。「ミスター・ピティフル」も追うようにチャート入りし、大きなヒットになっているが、これが豪華カップリング・シングルだったことは疑いようがない。ルーズヴェルト・ジャミスンがテープをスタックスに持ってきてから半年以上が経っていた。当然そんなものは残っていないだろうから、オーティスはO・Vのヴァージョンを聞いてレコーディングしたはずである。その際クロッパーの助言もあってか少し歌詞を変えた。O・Vの3ヴァース目を2ヴァース目に持ってきて、3ヴァース目にはO・Vの2ヴァース目の歌詞をアレンジして内容を変えている。

O・Vの方は〝もし自分が魚であったなら（餌を求めて）国じゅう捜しまわれるだろう、でもぼくはさまよった嵐(roaming storm)が過ぎ去ったあとの風のように君と手を携えてここにいる、それくらいぼくの君に対する愛は強いんだ〟といった内容だった。それをオーティスはこう作り変える。〝もし自分が深く広い大海ならあらゆる涙は取り込める、君がいくら泣いても嵐が過ぎ去った後のそよ風（breeze）のように君の目を乾かし愛し続けるだろう〟。恐らくさまよう嵐という表現がオーティスやスティーヴ・クロッパーにはしっくりこなかったのではないか。事実最初ヴィヴィド・サウンドでワーディングしてもらった時にはこの部分はrolling stoneと聞き取られていた（＊3）。クロッパーが助言したというのはこの部分ではなかったか。

ルーズヴェルト・ジャミスンは仮定法と対比法を巧みに組み合わせてこの曲を作っている。つまり〝もしAならばBである。しかるにぼくは非Aであって Bではない、それでも君と離れない、それくらいぼくの君に対する愛は強い〟という構造である。こう書くと味もそっけもないが、ジャミスンはそれを巧みな詩的表現で表わした。つまり最初のヴァースではAは太陽で、非Aは月である。太陽ならすべてを明るく照らす（B）が、月はそうではない。太陽が沈んだ後月は君をそっと照らす。続いて第二ヴァースではAは魚であり、非Aは過ぎ去った嵐の後の風である。先にも触れたようにBとはいろいろ相手を捜しまわることだった。ところが嵐が誰に対しても襲いかかるのに穏やかな風はひたすら君に対してそっと吹き続ける。そして第三ヴァースではAはしだれ柳となる。いつも涙を流しているように見えるところからその形容としてしばしば使われるが、ここでは非Aは涙（雨）が終わった後の虹にたとえられる。つまりそれは様々な色で君を包み込み、温かくさせるというわけだ。

こうした仮定法とその対比が見事であり、それを実に印象的なメロディに乗せたためこの曲はサザン・ソウルのみならず、ソウルの名曲中の名曲となった。だがその演奏には最初から不思議さが付きまとっていた。まず〝ダンタンタ〟とピアノ演奏で始まり、その後にはチャーチーなオルガン演奏がずっと続いていく。ホーンがない分この演奏が効果を生み、実に荘厳な雰囲気を漂わせているのだ。その後にはこれまた印象的なギター演奏が続く。後半には女声コーラスも入るが、これもスタジオに最初から立たせ合図を送って歌わせていたのだろう。この当時メンフィスでは同時に録音するいわゆる一発録りが普通だった。このレコーディングに立ち会ったクイントン・クランチもオーヴァー・ダビングなどはしていないように思う。一方B面の「ゼア・ゴーズ・マイ・ユースト・トゥ・ビー」にはホーンも女声コーラスも入るので、ホーン・セクションは最

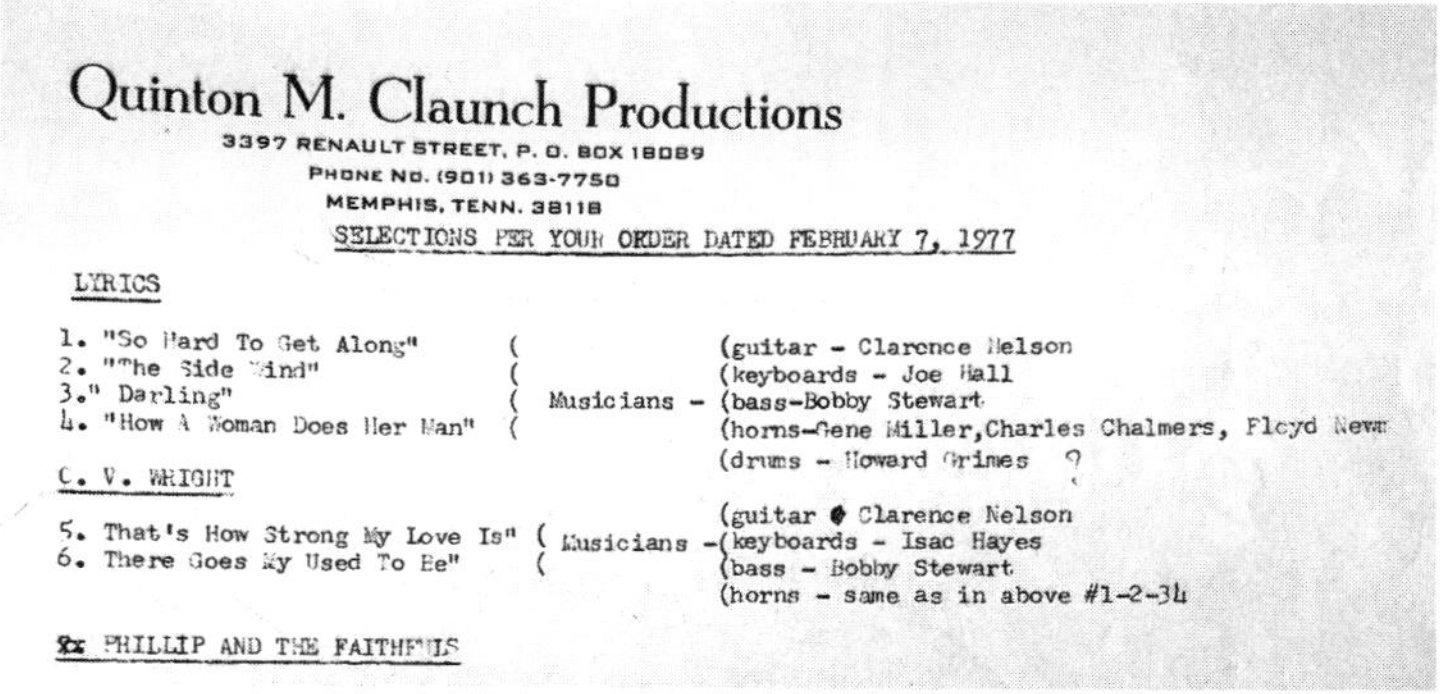
Quinton M. Claunch Productions
3397 RENAULT STREET, P. O. BOX 18089
PHONE NO. (901) 363-7750
MEMPHIS, TENN. 38118
SELECTIONS PER YOUR ORDER DATED FEBRUARY 7, 1977

LYRICS

1. "So Hard To Get Along" (
2. "The Side Wind" (
3." Darling" (Musicians - (guitar - Clarence Nelson
4. "How A Woman Does Her Man" ((keyboards - Joe Hall
(bass-Bobby Stewart
(horns-Gene Miller,Charles Chalmers, Floyd Newm
(drums - Howard Grimes ?

O. V. WRIGHT

5. That's How Strong My Love Is" (Musicians -(guitar - Clarence Nelson
6. There Goes My Used To Be" ((keyboards - Isac Hayes
(bass - Bobby Stewart
(horns - same as in above #1-2-34

PHILLIP AND THE FAITHFULS

"That's How Strong My Love Is" のバンド・メンバーを記した当時の Quinton Claunch によるパーソネル表。

初から用意され、いざという時にはこの曲にも入れるはずだったと考えるのが自然だ。だがそのオルガンの響きはその曲を支配するほど効果的だった。一体これは誰が弾いているのか。そこに立ち会ったミュージシャンとは誰だったのか。かつてヴィヴィド・サウンドから出したこちらの要求に対してクランチは次のようなパーソネルを知らせてきた。

Clarence Nelson(gtr), Isaac Hayes(pno or org), Bobby Stewart(b)

まずドラマーの名前が書いていないのが気になるが、それは覚えていないかデータが残っていないかどちらかだろう。それよりも驚いたのはクラレンス・ネルソンとアイザック・ヘイズという2人の名前だった。ゴールドワックスの変幻自在のギタリストがクラレンスであるという事実を知ったことも大きかったが、スタックスのアイザック・ヘイズの名前がこんなところに出てきたのも虚をつかれたものだ。それにしてもヘイズが弾いているのはピアノなのかオルガンなのか。両方であるとわたしは言いたい。ピアノはその後何回か登場するが、オルガンはずっとなり続けている。しかしピアノのフレーズは単純で、オルガンと重なっても弾けそうな気がする。つまりヘイズは右にオルガン左にピアノを置き同時に弾いていたのではないか。彼ほどの才能の持ち主ならこんな芸当はやってのけたのではないかと思うのだ。

希望の唱法

わたしが最初にしびれたのはO・Vの〝イフ・アイ・ワー〟と始まる〝ワーアアアーア〟の歌い方だった。この部分は何度聞いても、いや今聞いても切なくなるほど心に来る。これは一体何なのか。普通ブルースやソウルではブルー・ノートが重要な役目を果たす。ジャズの教科書ではそれは5度と7度の半音下がった音であると説明される。だがその説明は全く不十分だと思う。普通その音はギターのスライドやチョーキング、ハーモニカのベンドなどによって表現される。原理的に考えてもその半音下げる間に途中の音も含まれてくるのだ。この西洋音階にはない曖昧な音こそ黒人たちの好むブルー・ノートだった。ブルー・ノートは半音下げた音でも半音下がった音でもなく、その〝過程〟の音なのである。黒人たちはそれをヴォーカルでもいとも簡単に表現してきた。もしここで〝イフ・アイ・ワーア〟と半音下げるならこれまで何千万回とやられてきたことだし、一流の黒人シンガーだったら容易にできるだろう。いや黒人でなくとも練習を積めば恐らくできる。ところが〝イフ・アイ・ワー〟は現実ではなく仮定なのだ。そこでジャミスンとO・Vはすすり上げて歌うようなメロディを考え出した。つまりワー（were）という単語を半音下げて歌うのではなく、半音上げて歌うように作り変えたのだ。従来のブルースにはないこの唱法をわたしは〝希望の唱法〟と名付けたい。つまりブルー・ノートが失意の表現（＊4）なら、まさしくO・Vがここで歌った歌い方は聞き手に希望を与えるものだった。この革新こそまさしくソウル・ミュージックであり、ブルースと一線を画す偉大な発明となった。

この唱法は簡単に思えて実は誠に難しい。わたしはそのカヴァーを調べ尽くしてみた。まず最初にカヴァーしたのはテレビ番組『ザ・ビート』に登場したロッジ・マーティンだったかもしれない（＊5）。66年にこの番組の中で彼はオリジナルにほぼ忠実に歌っている。ナッシュヴィルの名シンガーであり、67年に早世したためか、知られることは少ないが、その出演は何よりも彼を印象付けた。彼はここでオリジナルにはない第4ヴァースを付け加えているので、しばしばステージでも歌っていたのだろう。肝心の〝ワー〟の部分だが、O・Vほど完璧ではないが、何とか乗り切っている感じだ。次にカヴァーしたのはルイジアナのエディ・ジャイルズだが、彼はこの部分はほぼフラットに歌った。続いてアラバマの歌姫キャンディ・ステイトンが69年この曲に取り組んだ。この部分もうまくこなしており、カヴァーとしては一番よくできているのではないか。さらにローラ・リー、トミー・ヤング、アール・ゲインズなどがO・Vの曲を手本に録音しているが、キャンディ・ステイトン以上にうまく歌っているシンガーはいない。

わたしは〝イフ・アイ・ワー〟の部分を自分でも歌えないかと思い、何度も試みてみた。だが思いのほか難しい。ワーの部分がうまくコントロールできないのだ。この部分をほぼ完璧に歌いこなせたのはオリジナルのO・Vライトただひとりだったと言ってもいい。実際彼はハイ時代にもこの曲を歌い直しているが（＊6）、オリジナルほどの完璧さはないのだ。彼はその希望の唱法をこの曲の中で繰り返したが、この〝ワー〟の部分ほど心に突き刺さるものはない。

別の解釈

さてこの曲を前にしてオーティス・レディングはどうしたのか。既に書いたようにO・Vのこの曲がドン・ロビーの横やりによってヒットを消され、彼がバックビートのアーティストとなったことを確認した上で、初めてこの曲の録音に取り掛かったのである。オーティスはO・Vの〝イフ・アイ・ワー〟の部分を聞いてとてもこのようには歌えないと思った。これにはゴスペルで徹底的に鍛えた技術が必要だった。むろんそうした証言が残っているわけではない。彼の作品を聞くことによってそれが読み取れるのだ。オーティスはその部分をフラットに歌って簡単に乗り切り、他の部分の歌詞を少々手直しをした。だがそのことによってオーティスなりのまた別の解釈が生まれたのである。それはずばり〝ザッツ・ハウ・ストロング〟とシャウトして何度も繰り返す部分である。わたしは最初にオーティスのこの曲を聞いた時から、ここに男らしい勇敢さを感じ、実にしびれたものだ。わたしの大先輩であった音楽評論家の桜井温さんはずっと後年にこの曲はオーティス・レディングが絶対だよ、O・Vライトは聞けないとわたしの前で話してくれたものだ。確か雑誌でも同じようなことを書いていたことがあったはずだ。そして桜井さんもまたオーティスのこの部分の歌い方に男らしさを感じ、しびれたに違いない。

いつの頃からか、この曲にはファンの間だけに限らず、オーティス支持派とO・V支持派に分かれていった。オーティス支持派として有名なヴァージョンがコロンビアのマティ・ムルトリーとアトランティックのスウィート・インスピレーションズのものである。マティは本名をマティ・ムルトリー・ウィルソンといい、姉妹のマデリン・ウィルソン（彼女もまた後にソウル界入りしている）らと共に東海岸で、ゴスペル・ヘイロスというゴスペル・グループを組んでいた生粋のゴスペル・シンガーだった。66年早速オーティスのヴァージョンを下敷きにしてこの曲に取り組んでいるが、最後にはオーティスのヴァージョンにもない歌詞を付け加え、ゴスペルのように仕上げているのがこのヴァージョンのすばらしさである。スウィート・インスピレーションズもまたシシー・ヒューストンを始め、ドリンカード・シンガーズという名門のゴスペル・グループ出身なのは周知の通りである。恐らく彼らは共に東海岸にいて、そもそもO・Vのヴァージョンのことは知らなかったか、聞いたことがなかったのではないか。もし彼女たちがO・Vの曲を聞いていたならどう判断したか、是非聞いてみたいものである。ローリング・ストーンズもまたO・Vのヴァージョンのことは知らずにオーティスを下敷きに吹込んだに違いない。なぜならO・Vのその曲がUKスーのガイ・スティーヴンスを通じてイギリスに紹介されたのは66年を過ぎた頃だったからだ。

ナッシュヴィルの大ヴェテラン、アール・ゲインズはO・Vのヴァージョンを下敷きにしたが、その際親友であったオーティス（彼は死後追悼歌を心をこめて歌っている）にも敬意を払い、歌詞自体はオーティスのものから取っている。不思議なのはパーシー・スレッジだ。彼は南部のア

“That’s How Strong My Love Is” のカヴァーの一例。Mattie Moultrie とEarl Gaines。

ラバマ出身なのに、完全にオーティスをモデルとしているのだ。O・Vのヴァージョンのことは知らなかったのだろうか。もっともこの曲が録音された66年9月頃のセッションというのは完全にアルバムのためのもので、一度に10数曲録音されたが、すべてがカヴァー曲だった。恐らくイン・アイヴィが手本になるレコードをかけ、パーシーがそれにならって続けて録音するというものだったろう。幸か不幸かパーシーの目の前にあったのはオーティスのレコードだったというわけだ。そうした安易さを責めることは簡単だが。

両極

それにしてもオーティスはなぜ〝ザッツ・ハウ・ストロング〟の部分を繰り返し繰り返し力強く歌ったのだろうか。彼が強調しているのはその後に出てくる自分の愛（マイ・ラヴ）でも、さらにストロングでさえなく、ザッツ・ハウというそれだけでは意味を持たない部分である。その意味を持たない部分が一番強い意味を持ち、一番心に訴えかけるという矛盾、それこそがオーティスの特性であり、また偉大さでもあったとはいえないか。そこで思い出すもうひとつの曲がある。生前彼の作品で最もヒットし、影響力も一番与えた「アイヴ・ビーン・ラヴィン・ユー・トゥー・ストロング」である。この代表曲にオーティスの特性もまた顕著に現われているのだ。最初に来るそのタイトル・フレーズに耳を傾けてみよう。そこで彼は早くも聞き手を彼の世界に引き込むのだが、そこで彼が強調するのは君を愛している（ラヴィング・ユー）という部分でも、強すぎるほど（トゥー・ストロング）という部分でもなく、単にわたしがしてきた（アイヴ・ビーン）というまたしてもそれだけでは意味を持たない部分なのである。そこを彼は（アヴィーン）と簡潔に歌い、聞き手の心にやりを突き刺す。最初聞いた頃まずしびれたのはその部分だった。それがなければこの歌の持つ緊迫感は決して伝わらなかっただろう。さらに途中繰り返される〝マイ・ラヴ・イズ……〟のマイの部分、〝ハズ・ビーン・ソー・ワンダフル〟のハズの部分、〝アイ・ドント・ワナ〟のアイ・ドントの部分は見事で、これぞオーティスという感じがする。

ここでもわたしはいくつかの有名なカヴァー曲と比べてみた。大歌手アレサ・フランクリンは最初〝アアーアアイ〟とわたし（アイ）の部分に力を込める。後半〝アイ・キャント・ストップ〟の力強い歌い方も印象的だ。ここで彼女は自分に重きを置く自己主張の強いシンガーであることがすぐわかる。オーティスの友人であったオスカー・トニー・ジュニアも歌っている。力のある彼でさえ、オーティス流〝アヴィーン〟は登場しない。むしろ中盤〝アイ・ラヴ・ユー〟〝ユア・ラヴ〟の連呼が目立つ。この曲のテーマからしても自然なところだろう。オーティスは自ら手を下して、アーサー・コンレイにもこの曲を吹込ませた。忠実ではあるが、オーティスの〝アヴィーン〟のような際立った特徴は見られない。さらにオーティスの近くにいたウィリアム・ベルもこの曲に取り組んでいるが、こうした特徴は見られないのだ。何十人という歌手がこの曲の魅力に取りつかれたが、わたしの記憶する限り〝アヴィーン〟と力強く歌いきった人はいない。

オーティスはなぜ〝ザッツ・ハウ〟であり、〝アヴィーン〟であり、〝マイ〟であり、〝ハズ〟であり、〝アイ・ドント〟なのか。つまり彼にとっては何をどう考え、またどう行動するかといった具体的なものが最重要課題なのではない。むしろその自分の考えや行動に自信を持ち、それを押し進めることこそ自分のあり方であると感じていたのだろう。その自由さこそがオーティスの強みであり、また彼らしさでもあった。そこでそれを強める言葉、つまりそれだけでは意味のない言葉にほとんど意識せずに力が入ったのではないか。これは言い換えれば、彼がリーダー的な資質を強く持つということに他ならなかった。

それに対してO・V・ライトはその〝ザッツ・ハウ・ストロング・マイ・ラヴ・イズ〟と歌う部分だけでもオーティスとはまるで違っていた。彼が強調しているのは〝ザッツ・ハウ〟などではなく、〝ストロング〟であり、〝マイ・ラヴ〟の方だった。途中では〝マイ・マイ・ラヴ〟と重ね合わせ、自分の愛であることを強調しているほどだ。O・Vはあくまで具体的な事柄を重要と考え、その自分の愛に拘泥している。それはブルースの時代から続く自然な成り行きだった。ブルースとは個人が被るトラブルを始めとする様々な個人的な体験を描いてきたからだ。O・Vは一体具体的に何にこだわろうとするのか。その中心を占めていたのはずばり愛であり、その結果もたらされる幸せにあったとわたしは言いたい。それは神に対する愛であったかもしれないし、また人間的な愛であったかもしれない。そのことを切実に実感できる曲に遭遇したことがある。彼が晩年ハイ時代に録音した「シンス・ユー・レフト・ジーズ・アームズ・オブ・マイン」という曲を前にしてわたしは震えた。プロデューサーのウィリー・ミッチェルがジョージ・ジャクソンと作ったこの曲は彼女との過去を回想するかのようにカントリー調に進む。すると突如〝これが欲しいんだ〟と言って〝幸せが戻ってほしい、さびしさよさらば〟と続ける。この〝ハピネス・ハピネス〟と2回続けて叫ぶのを聞いて体の中を電気が走った。いつ聞き直しても走る。ハピネスとかハッピーという単語は歌の中で無数に歌われてきただろうが、この言葉にこれほど力を入れて歌える人が今まで存在しただろうか。ここに差し掛かるたびにわたしはうち震える(＊7)。

O・Vは愛を求め、幸せを渇望してきたシンガーだった。それは人生に苦悩し、愛を求め、幸せを願うリアリズムの世界だった。そして彼はまさしくブルースの根底にあったものを引き継ぐリアリストであった。

オーティス・レディングのようにリーダー的資格を持ち、メンフィス・ソウルというローカルな音楽を世界的なものにするか、O・V・ライトのように60、70年代にブルースを引き継ぐ最も熱い使者となるか、それはまさしくメンフィス・ソウルの持つ両極を端的に表わしていた。そしてまさに彼らはそれを実現していくのである。

（＊1）ピーター・ギュラルニック『スウィート・ソウル・ミュージック——リズム・アンド・ブルースと南部の自由への夢』新井崇嗣訳（シンコーミュージック・エンタテイメント）第9章「ジ・アザー・サイド・オヴ・メンフィス」P326-P330参照

（＊2）ロブ・ボウマン『スタックス・レコード物語』新井崇嗣訳（シンコーミュージック・エンタテイメント）P92

（＊3）『ゴールドワックス・コレクション』（ヴィヴィド・サウンド VG 3005）の歌詞カード参照

（＊4）ブルー・ノートを単に失意の表現というのは短絡的かもしれない。黒人たちはこれを自然と身につけており、どんな場面でも登場するからだ。たとえばサム・クックは「ユー・センド・ミー」を歌った時、〝ユーウ・ユーウ・センド・ミー〟と歌った。このユーを半音下げて歌うユーウがまさしくブルー・ノートで、当時カヴァーした白人たちはこの歌い方ができなかったという。

（＊5）The!!! Beat Vol.6(Bear Family BVD 20131AT) の Show #22

（＊6）O.V.Wright /Into Something(Can't Shake Loose) (Hi HLP 6001)

（＊7）『O・V・ライト／イントゥ・サムシング』(クリーム・ハイ VICP 64293) のライナー参照。

第1章

50年代のバンド・リーダー達

メンフィスのバンド・リーダー

1940～50年代のメンフィスのブルース・シーンについては多くのことが語られてきた。だが、それが直ちに60年代のメンフィス・サウンドに直結するわけではない。それでもいくつかの共通する点を見つけることができる。既に設立されていたスタジオやレコード会社をレコーディングするために訪れるタレントがいる一方、ビール・ストリートを中心に広がるクラブには多くのバンドやシンガーが集中していた。多くの場合それを牛耳るのは各クラブに居座るバンド・リーダーだった。恐らく50年代のメンフィスのバンドといえば、アール・フォレストをリーダーとするビール・ストリーターズを挙げる方が多いかもしれない。B・B・キング、ジョニー・エイス、ボビー・ブランド、ロスコ・ゴードンなど著名なシンガーがその周りに集結し、成功していったからだ。だが、彼らはひとつのまとまったバンドとして明確な活動があったわけではな

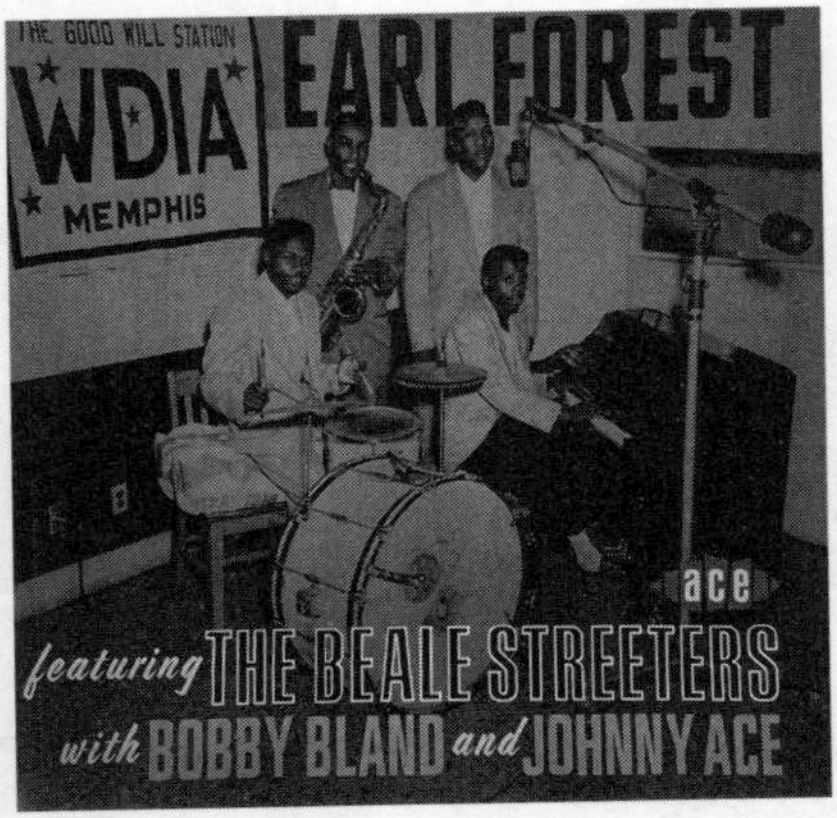

英エースで作られたビール・ストリーターズをフィーチャーしたLP。

い。むしろレコード会社はそのおのおののタレントに注目し、彼らを売り出すための口実としてそれを利用した。メンフィスに多くあったクラブで顔だったのはそうしたタレントを持たないバンド・リーダーの方だった。当時のメンフィスには多くのバンドがひしめき合い、著名なバンド・リーダーが名を競っていた。特に有力だったのはテナー・サックス奏者のビル・ハーヴィをリーダーとするバンドだったという。他にもオンジー・ホーン、リチャード〝タフ〟グリーン、ビル・フォート、そしてアル・ジャクソン・シニアをリーダーとするバンドなどがあった。彼らは自己名義の作品をほとんど残していないので、重要でないと見なされがちである。ところが40〜50年代はまだビッグ・バンドの全盛で、ホールやクラブを大音量で揺らしていた。その各バンドにはフィーチャリング・シンガーが備えられ、そのシンガーが当たれば実入りは大きかっただろうが、それよりもホールやクラブでのライヴ活動の方がずっと効率的だったろう。ビール・ストリーターズのようにヒット曲を多く作るシンガーが生まれるのは稀だった。

その一人ビル・ハーヴィことウィリアム・G・ハーヴィはミシシッピ州ウィノーナに1918年に生まれ、早くにメンフィスに移ってきてバンド活動を始めている。最初にフィーチャーしたシンガーはボニータ・コールという当時よくあるタイプの女性シンガーで、当然ヒットは望めなかった。幸いヒューストンのデューク／ピーコックと関係を持ったハーヴィはポール・マンデイ、B・B・キング、マリー・アダムス、ボビー・ブランド、ジュニア・パーカーなどのバックに続けて指名され、そのオーケストラはたちまち有力なバンドのひとつにのし上がった。他のバンド・リーダー達、つまりオンジー・ホーンやタフ・グリーンもB・B・キングのセッションなどに参加、ビル・フォートもウィリー・ミッチェルと共にレコーディングに参加したが、アル・ジャクソン・シニアの名前はディスコグラフィー上には見当たらないのだ。

メンフィス髄一、いや世界的な名ドラマーと言っていいアル・ジャクソン・ジュニアの父親であったシニアは一体どのような活動をしていたのか。当時メンフィスの黒人ラジオ局WDIAが主催するグッドウィル・レヴューには彼のバンドの名前があった（＊1）。そのバンドは十二人から成る大所帯だったが、ウィリー・ミッチェルも一時席を置くほどの力があった。そんな折、アーカンソー州リトル・ロックでのギグの時、ドラマーのストークスという男が急にやめることになった。父親のアル・ジャクソン・シニアはリハーサルの時にしばしばたたいていた息子のジュニアをその穴埋めに急遽起用したが、まだ十代だった息子のプレイには不満顔。「やつにはまだ無理だ」と一刀両断。ところが4時間に渡るギグがあった時に最初は父親の言う通りおぼつかなかったプレイは最後のセットでは見事にスウィングするプレイに変貌していたという。これぞアル・ジャクソン・ジュニアの天才性を物語る逸話と言っていいだろう。

60年代に生き残ったバンド

ウィリー・ミッチェルはそのジャクソン・ジュニアより六つほど年上ということもあってメンフィスで多くのバンドを経験していた。中でも一番多くのことを学んだのはオンジーだったという。彼はウィリーにオーケストラの楽譜をどう作ればよいかを教え、さらにそれにストリングスや声をどう乗せたらいいか教えてくれたという。ウィリーがこうしたメンフィスのバンド・リーダーから学んだことは明らかだが、60年を回る頃にはそのバンド・リーダーとバンド・メンバーの顔触れはがらりと変わっていた。それでもウィリーのバンドが60年代に生き残ったのにはそれなりの理由があった。

メンフィスのサンでレコーディングしていたロカビリー・シンガーのサニー・バージェスは〝(60年前後のメンフィスで) 出会ったR&Bアーティストは?〟と聞かれて次のように答えている。

「ぼくが覚えているのはボウレッグス・ジャクソンとウィリー・ミッチェルだけだね。彼らは八人か九人から成るバンドだった。いいサウンドをしていたね。(シカゴから)来ていたメジャー・ランスがシンガーにいたね。ここ(メンフィス)のシルヴァー・ムーン・クラブでプレイしていたよ。誰もがそこでやるんだ、ルイ・アームストロングもエルヴィスも……。誰にとっても特別

な場所なんだ」(＊2)

ボウレッグス・ジャクソンというのはむろん彼の記憶違いで、言うまでもなくボウレッグス・ミラーのことだろう。メンフィスでボウレッグスといえばジーン・ミラー以外には考えられない。つまりメンフィスのバンド・リーダーは50年代末から60年代に入って大きく変わっていたわけだ。ここにもうひとつベン・ブランチのバンドを加えればそのカタログは完璧となる。

ウィリー・ミッチェル楽団

ウィリー・ミッチェルのバンドはどのようにして作られていったのだろうか。ウィリーは1928年3月1日ミシシッピ州アシュランドに生まれているが、育ったのはほとんどメンフィスだった。音楽一家だった彼の周りには同じくミュージシャンとなったジェイムス・ミッチェルがいるし、デトロイト出身のいとこもトランペットを演奏した。だが十人もいる子供たちが公平に楽器を分け与えられるのは難しかった。ようやく質屋でトランペットを手にいれたミッチェル少年は演奏に身を入れ、12歳の頃にはプロを目指すようになる。シカゴの大学で学んでいたオンジー・ホーンがメンフィスに戻ってくると、早速彼のバンドに飛び込み、数年を過ごしている。だが51年の2月から53年の6月までは徴兵され、軍隊生活が待っていた。それでもその間にもドイツの基地に行ってミュージシャンとして活動、さらにはB・B・キングのレコーディングに参加するなどそのステイタスを高めていた。53年7月に除隊した彼はすぐにアル・ジャクソン・シニアのバンドに参加するが、それは3カ月しか続かなかった。タフ・グリーンのバンドにも加わったというが、そのどちらが先だったのかは資料によって様々だ。いずれにせよ、こうしたバンドを経てウィリーはいよいよ自分のバンドを立ち上げる。それが55年のことであった。

残された古い写真によれば、ウィリーのバンドは5人編成だ（＊3）。つまりウィリーがトランペット、以下サックスがJ・P・ルーパー（Luper）、ドラムスがジェウェル・エコルズ（Jewel Echols）、ピアノがジョー・ホール、ベースがロイ・ストロング（Roy Strong）となる。ところがマイク・レッドビターは初期のメンバーとしてまた別の名前を挙げている（＊4）。つまりピアノがビル〝ストラクション（Struction）〟ジョンソン、ドラムスがジョー・デュークス、ヴォーカルがマミー・デル、テナー・サックスが弟のジミー・ミッチェルとハーマン・グリーン、アルト・サックスがチャールズ・ロイドとアーヴィン・レイゼル（Ervin Razel）という顔ぶれである。

ひとりずつ見ていこう。ビル・ジョンソンはジュニア・パーカーのブルー・フレイムスに一時所属していたピアニストで、彼とのレコーディング歴があった。続くジョー・デュークスはメンフィス出身のドラマーで、むしろ60年代に入ってからのジャズ・ドラマーとしての方が有名だ。ブラザー・ジャック・マクダフとアルバムを作ったりしている。ヴォーカルのマミー・デルにも

› have emerged from the
ɜd compliments as the genius
the worlds's leading soul record
ɜnties plus gaining Billboard
ǀ968. But as our story unfolds,
ɩat. He started out as a rhythm
d this compilation has gathered
ɩg pleasure.

ʒilly Strayhorn (who became famous ger for Duke Ellington). It was whilst re that Horne learnt the Schillinger , in reality, broke all the conventional sic. The pupils were shown different rds that were not supposed to be but, gether, worked. When Onzie returned , he became a fan of the local popular Douglass Swingsters, a band that consisted of pupils from the Douglass . Mitchell was a member of this outfit, Fred Ford and Ben Branch.

Mitchell moved in with Horne and or a few years until Onzie married o subsequently requested that Willie ome so that the couple could enjoy together. But it was these years that tant in the development of Mitchell n as he learnt music from Onzie and, put his own individual stamp on the

was called up for military service oruary 1951 and June 1953 but, after

basic training, the majority of the time was spent as a musician touring USAF bases in (West) Germany often providing the accompaniment to visiting singers such as Vic Damone. However, there had to have been periods of home leave as in 1952, Willie is listed as being a session musician at Sam Phillip's studio on 706 Union Street, Memphis. Mitchell is reputed to have played on the recording of 'Bear Cat' by Rufus Thomas as well as tracks recorded by B B King and Ike Turner. Upon his discharge from the military and return to Memphis, Mitchell became a member of Tuff Green's band up to 1954 and thereafter, for about a year, he joined a 12 piece ensemble lead by Al Jackson Snr. Onzie Horne was the piano player for this band.

Come 1955, Mitchell formed his own combo known in the area as Willie Mitchell and his Jumpin' Band. With such as J P Louper on saxophone, Lewis Steinberg on bass, Al Jackson Jnr

Left to right; Roy Strong (bass); Jewel Echols (p); Willie Mitchell (tpt); Joe Hall (d) and J.P. Louper (ts)

ウィリー・ミッチェルの初期のバンド・メンバーを配したLPおよび写真。ただしクレジットに間違いがある。

レコーディング歴がある。本名はマミー・デル・メリウェザー（Merriweather）といい、60年にロイ・ブラウンとデュエットしているのが唯一の作品。「オー・ソー・ワンダフル」という曲で、声自体は悪くないが輪郭はつかめない。だが50年代からメンフィスで歌っていたとは考えられるだろう。

ホーン・セクションにもなじみの名前がある。ジミーことジェイムス・ミッチェルは70年代のハイ時代にもウィリーの様々なレコーディングに参加するが、いつから正式にウィリーのバンドに入ったかは不明だ。残念ながらウィリーの初期のカタログに彼の名前は見当たらない。それに対してハーマン・グリーンは古くから活動していたテナー奏者だった。ルーファス・トーマスの50年代初期のチェス録音に彼の名前が見えるし、B・B・キングとの交流もあった。後にはライオネル・ハンプトン楽団にも加わった。チャールズ・ロイドはさらに有名だ。やはりメンフィス出身で、60年代からは幾多のジャズ・アルバムを作っている。だがアーヴィン・レイゼルの名前はほとんど聞くことはない。こうした名前がウィリー自身の口から語られたということは、何らかの接触はあったと考えるのが自然だろう。とはいえ、ウィリー・ミッチェル・バンドのレギュラー・メンバーとして彼らがいたとは考えにくいのだ。

ウィリーのバンドはある著名なふたりのミュージシャンの参加によって確固としたものとなった。それがドラマーのアル・ジャクソン・ジュニアとベーシストのルイ・スタインバーグだった。スタインバーグ一家もジャクソン一家同様ミュージシャンに囲まれた音楽の園だった。父親はメンフィスでは著名なピアニストだったが、兄弟にもホーン奏者やベーシストまでいた。恐らくそのふたりがウィリー・ミッチェルのバンドに加わったのは57年末か58年のことだったろう。というのもピアニストのジョー・ホールが57年にレコードを出しているのだが、その時点ではウィリー・バンドの骨格は出来上がっていなかったからだ。

ジョー・ホールのレコードはウィリー・ミッチェル・バンド関係者の最初の作品となった。それは〝Coming Home Pts 1&2〟(House Of Sound 502) としてメンフィスの小さなレーベルから出されたが、タフ・グリーンのバンドがバックを受け持っていた。曲はダンサブルなアップ・テンポ・ブルースで、ドラマーは明らかにアル・ジャクソンではない。ルイ・スタインバーグも入っていないだろう。つまり57年の時点ではウィリーのバンド・メンバーはまだ固まっていなかった。その年の末か58年になってジョー・ホール、アル・ジャクソン、ルイ・スタンバーグらでメンバーは固まり、ウィリー・バンドの骨格は出来上がった。実際彼らがそのバンド・メンバーで初めてレコーディングに臨んだのは58年6月8日のことであった。それはエディ・ボ

Stomper Timeのシングル盤。ウィリー・ミッチェルは3枚リリースしている。

Joe Hallのシングル盤。ウィリー・ミッチェル関係の最初の作品となった。

ンドが持つストンパー・タイムのためのレコーディングだった。

革新

ウィリー・ミッチェルはその時既にフォー・キングスというフィーチャリング・グループを抱えていた。この名前は日本人にはなじみ深い。というのも日本では伝説的と言っていいほどのシンガー、ドン・ブライアントのグループだったからだ。彼は世界で初めての編集盤LPが日本で作られ、来日も2度ほどするなどある意味で日本だけのスターだった。だがウィリーの前に彼が現われた時にはまだ十代の青年にすぎなかった。他のメンバーも同じ年ごろの連中だったろう。つまりドンの兄弟のジェイミー・ブライアント、リー・ジョーンズ、ロバート〝ダスティ〟ウォーカーが名を連ねていた。そもそもブライアント兄弟でクエイルズの名で始められたのだが、メンフィスのラジオ局WLOKあたりで歌っているところをDJのディック〝ケイン〟コールに見出され、ケインズ（Canes）と命名されたという話が残っている。そのアカペラ・ヴァージョン7曲がかつてCD化されたことがある（＊5）。メンフィスのストリート・コーナー・グループとして名を馳せたというだけあって、基本はドゥー・ワップ・グループそのものだが、「ユー・メイク・ミー・フィール・ソー・ファイン」にはゴスペル・カルテットの色合いが強く残っていた。だがウィリーの中にはこうした面を伸ばそうという気はまだなく、アカペラのまま残された。ウィリーはそのアカペラ・ヴァージョンの中から「テル・イット・トゥ・ミー・ベイビー」を選び出し、バンドを付けてストンパー・タイムの第一弾として発売したが、それは手堅いブルース・スタイルだった。B面は「ウォーキング・アット・ユア・ウィル」というバラードで、サニー・ティルの影響が感じられる。書いたのはいずれもドン・ブライアントで、むしろライターとしての才能に目が止まる。その際ケインズというグループ名は改められ、フォー・キングスという分かりやすい名となった。この時にはジェイミー・ブライアントは徴兵されてグループを抜け、代わりにライオネル・バードが四人目を務めた。当時彼らがウィリー・バンドと一緒に写っている写真が残されているが、メンバーはその四人だった。

ストンパー・タイムを設立したエディ・ボンドはそもそもロカビリー歌手として名高い人である。自分のレコードを出す際にこのレーベルを設立し、黒人のウィリー・ミッチェルやフォー・キングスまで手を伸ばしたのは目を見張る。むろんその先駆的レーベル、サンが白人の手によって設立され、黒人アーティストを録音するために始まったことは百も承知である。だがエディ・ボンドの場合はさらにその先を行っていた。エディは58年から60年までウィリー・バンドのマネージャーの役を担い、その普及に努めていた。たとえ彼のバンド・メンバーにひとりも白人が含まれていなかったとはいえ、その後白人ミュージシャンと黒人ミュージシャンの協力によって大きく成長していくメンフィス・ソウルの出発点がここにあるとは言えないだろうか。それはその時代まで常識であった白人によるオーナーと黒人によるアーティストという関係を大きく越えるものでもあった。

ウィリー・バンドが果たした役割はそればかりではない。実はその時代彼はそれまでどのバンド・リーダーも手を付けていない革新に足を踏み入れていた。それが明確に現われたのが〝The Crawl〟(Stomper Time 1164)という作品だった。この〝クロール〟というビートこそ50年代末の革新であり、60年代のメンフィス・ソウルの基本ビートのひとつとなっていくものなのだ。それはドラムスにおける革新だった。そのビートは簡明である。それまでのシャッフルというビートは一小節の二拍目と四拍目にビートが来る。つまり〝ツン、タン、ツン、タン〟というビートである。アフター・ビートとも言う。ところがクロールは一小節を8つのビートに分け、二拍目に当たる部分を二度打つ。つまり〝ツン、タタ、ツン、タン〟となる。〝ツン、タタ、ツン、タタ〟というパターンもある。この曲でスタインバーグは8つのビートでベースを刻み、それに合わせるかのようにアル・ジャクソンはそのビートを押し通す。言っておくが、このビートをアル・ジャクソンが発明したというわけではない。当時のR&B音楽には各地でこうしたビートが試みられていた。

57年12月ディック・クラークの『アメリカン・バンドスタンド』で若者を中心にザ・ストロー

ルというダンスが急激に広まった。その同じ番組でトゥイストがブームになるずっと前の話である。このストロールはぶらぶら歩くという意味で、文字通りゆったりしたステップを持つ。それまでのエイト・ビートのロックンロールのビートを遅くしたことによって、ホッとする気持ちがあったのだろうか。きっかけはダイアモンズという人気白人グループが歌ったずばり「ザ・ストロール」という曲だった。発売されるやすぐに火がつき、58年1月6日付でチャートに飛び込み、R&B、ポップの両部門で大ヒットした。その曲にこのクロールのビートが使われていたのである。実際ウィリー・ミッチェルは60年代に入ってすぐに、「ストロール」という似たパターンの曲を録音している。クロールもはうとかのろのろ歩くという意味なので、どちらも似たようなものだ。だが一般にはストロールの名が浸透しており、この時代を象徴する踊りと言ってもいい。ちょうどアトランティックからLPを出したチャック・ウィリスが〝ザ・ストロールの王様〟を名乗ったのもそれに便乗したものと言っていいだろう。

そのストロールが50年代後半から60年代にかけて当たり前になっていく中で、アル・ジャクソンはそのビートを完璧に、そして正確に刻むことのできたドラマーだったということは忘れては

白人グループ、ダイアモンズの大ヒット曲「ストロール」。

ならない。少なくともメンフィスで50年代当時これができるのはアルだけだったろう。後で改めて触れるが彼がスタックスに入って、ルーファス・トーマスの「ザ・ドッグ」など一連のヒット曲に盛り込んだのもこのビートだった。

ストンパー・タイムは2年足らずで終わりを告げていた。ウィリーのバンドはその間に人数を増やし、強化を図っていた。ウィリー・バンドの写真を見ていて不思議なことがある。初期の写真にはいずれもギタリストが写っていないのだ。黒人のバンドならまずギタリストは存在し、しかも重要な役割を果たしてきたはずである。ところが彼のバンドには長い間それがいなかった。このギタリスト不足はその後もウィリー・ミッチェルの悩みの種となった。彼はアーカンソー州リトル・ロック出身の若いギタリスト、サミー・ローホーンを自分のバンドに引き入れた。59年か60年、ウィリーはこのギタリストを入れて初めての作品を吹込んだ。ウィリー・ミッチェル・オーケストラの名義で出された〝Wasting My Time/Lizzie Lou〟(Skipper 1001)にはビリー・テイラーというシンガーがフィーチャーされていた。古典的なシャッフル・ブルースとなった「ウェイスティング・マイ・タイム」でビリーは伸び伸びと歌い、サミーも思う存分ギターを響かせている。一方「リジー・ルー」はルイ・ジョーダンが歌いそうなナンバーで、ここでも50年代の伝統はしっかり守られていた。なおビリー・テイラーと名のつく黒人アーティストは有名な人が何人かいるが、このビリーは誰とも関係がなさそうだ。このレコードはメンフィスでダディーズ・クラブを経営する男によって作られたが、意外やある男の興味を引いた。それがルーベン・チェリーだった。彼は長いことビール・ストリートでホーム・オブ・ザ・ブルース・レコード・ショップを経営してきた男である。ウィリーのそのレコードを聞いていいと思ったのか、金になると直感したのか、とにかく同名のレーベル、つまりホーム・オブ・ザ・ブルースを立ち上げ、大スターのロイ・ブラウンやファイヴ・ロイヤルズと素早く契約し、ウィリーのバンドをそのハウス・バンドに仕立てたのである。こうして60年代の幕は切って落とされた。バンドの強化はホーン・セクションの補充にも現われていた。つまりJ・P・ルーパーは退くか、時折参加するだけとなり、ジェイムス・ミッチェル、ビル・フォート、バリトン・サックスのフレッド・フォードらが常にウィリーを援護する形となった。60年代のウィリー・バンドはここを起点にどのような活動を続けていくのだろうか。それについて触れる前にあるふたつのバンドおよびそのリーダーについて見ておくことにしよう。

ベン・ブランチ楽団の重要ミュージシャン

50年代のメンフィスのバンド・リーダーたちが淘汰される中にあって、60年代のソウル時代になおも影響力を持ったバンド・リーダーが他に二人いる。ベン・ブランチとジーン〝ボウレッグス〃ミラーである。楽器はベンがテナー・サックス、ジーンがトランペットを担当していた。共にメンフィスで生まれているが、ブランチの方はウィリー・ミッチェルと同じ28年に生まれており、ほぼ同年齢だった。それに対してミラーは33年5月の生まれで、若干若い。当然最初に頭角を現したのはベン・ブランチの方だった。B・B・キングの初期のセッションにも参加しており、その点でもその歩みはウィリーと共通してくる。

　だがベン・ブランチが今なお名高いのは公民権運動に積極的にコミットしていったバンド・リーダー、サックス奏者と記憶されているためである。59年に彼は初めてキング牧師の演説を耳にし、それに深く共鳴、後にはシカゴに移って積極的にそれを支援している。実際彼がチェスで作ったアルバムもそうした理念で作られたものだ（＊6）。ただしここではメンフィスのバンド・リーダーとしての足跡を辿ってみたい。彼のバンドが何よりも忘れられないのはそのバンドにアイザック・ヘイズ、クラレンス・ネルソンという極めて重要なミュージシャンを抱えていたことに

ベン・ブランチ『ザ・ラスト・リクエスト』に載った写真。

よる。だが残念ながらその初期の活動に関してはウィリー・バンドほど透明ではない。その理由の一つとして、残されている作品が少ないことがある。だが、その精力的な活動の様子はアイザック・ヘイズの言葉で語られている。61年から2年間ヘイズは飛び入りで歌ったベン・ブランチのバンドに所属し、歌も歌っていたというのだ。その頃のメンバーはバリトン・サックスがフロイド・ニューマン、トランペットがハーバート・トーマス、ギターがクラレンス・ネルソン、ドラムスがビッグ・ベル・ジェイムス、ベースがラリー・ブラウン、そしてキーボードがアイザック・ヘイズという顔ぶれだった(*7)。だがブランチのバンドは50年代末には始まっており、それを匂わすレコードも知られている。ベン・ブランチが盛んにプレイしていたのはクリフォード・カリーのクラブ・トロピカーナだったという。50年代彼がフューチャーしていたのはヴェルトーンズという5人組のヴォーカル・グループだった。ウィリー・ミッチェルに対する対抗意識があったのだろうか。それはウィリーにおけるフォー・キングスの役割を果たしていたと考えることもできる。いや50年代中期にあってはヴォーカル・グループが一番の人気だったと考えた方がいいのかもしれない。彼らはフォー・キングスと時を同じくしてサンのスタジオでレコーディングしたが、デビューは59年末のサテライトまで持ち越された。言うまでもなくスタックスの前身であり、ジム・スチュアートにとっては初めての黒人アーティストでもあった。彼らはその後ケインズと名を改めてスタックスからもう1枚のシングルをリリースする。メンフィスの有名な

ＤＪ、ディック〝ケイン〟コールが彼らのマネージメントを務めた結果の即席の名前だった。ケインズは先にも触れたように、フォー・キングスが名乗っていた名前でもあった。改めてこのＤＪの力の大きさを実感させられるところだ。その後彼らはゴールドワックスからもシングルを発表しているが、フォー・キングスと違ってベン・ブランチはいずれの録音にも関わらず、スタジオ・ミュージシャンがバックを務めている。

　ヴェルトーンズが手を離れたベン・ブランチはその後ブルース・シンガーのドン・ハインズとローレス・トンプソンをリーダーとするラーゴスという4人組のヴォーカル・グループに関わり始める。恐らく60年代に入ろうかという時になって、ベン・ブランチはようやく自分たちのサウンドを広く世に示すことができた。それが〝Going Crazy/The Masher〟というものでスターメイカーという全く新しいレーベルから出されたものだった(Starmaker 1001)。「ザ・マッシャー」がベン・ブランチのバンド演奏で、50年代のホンカーと言われるスタイルを踏襲している。正直言ってウィリー・ミッチェル・バンドのような水も漏らさぬ完璧さは感じられない。一方「ゴーイング・クレイジー」はギターによるイントロから始まるブルース。これを歌っているのがドン・

Ben Branch Band の最初のレコード。

ハインズで、歌自体はさすがと言いたい。ザ・ラーゴスもそれに続いた。同じレーベルからの〝Ho! Ho!/Just A Picture〟(Starmaker 1002)がそれだった。彼らはメンフィスでフォー・キングスと並ぶヴォーカル・グループとして記憶されている。

61年彼らは大レーベルのドットから誘いを受けた。ベン・ブランチのバンドがドットから誘われ、それに同調したのである。ベン・ブランチの演奏ものが〝I'm Pushed/My Story〟(Dot 16191)、ザ・ラーゴスの歌ものが〝Saddle Up/I Wonder Why〟(同 16192)と続き番号で出されていることがそれを物語る。実はこうした一連の作品にギタリストとしてフィーチャーされていたのがクラレンス・ネルソンだったのである。当時のクラレンスはブルース・ナンバーでは基本に忠実な弾き方をしていたが、リズム・ナンバーでは独創的な弾き方を見せ、後の〝メンフィス一のギタリスト〟の片鱗を見せつけていた。

ラーゴスは63年にドットでLP制作に乗り出した。それは63年10月に『Beale Street

Lorece Thompson & The Largos のドット盤のLP。このバック・バンドがまさしくベン・ブランチのバンドだった。

Today』(Dot 3524)としてリリースされたが、これはメンフィス・ソウルの中でも異例に早いものだったと言わなければならない。カーラ・トーマスが火を付け、マーキーズやMGズが開拓したインスト市場によって人々の目はメンフィスに向けられていたのだ。予想通り、アルバムの内容は全国から集められたヒット曲のカヴァーで埋め尽くされていた。それでも「ハヴ・ノー・ティアドロップス」が取り上げられているのは注目に値する。というのもこの曲はファイヴ・ロイヤルズの「キャッチ・ザ・ティアドロップス」という曲になぞらえたものだったからだ。近年多大な人気を集めるこの曲がほぼ同時期にメンフィスのふたつのグループによって歌われていたというのは奇跡に近い。とはいえフォー・キングスがウィリー・ミッチェル・バンドの顔見せ的な存在だったように、ザ・ラーゴスもまたベン・ブランチのバンドの顔見せ的な存在だったことは否定できない。それが全国に打って出、R&Bの世界に影響を与えるほどのスタイルを打ち出すにはさらにいくつかのプラスアルファが必要であった。

ボウレッグス

今度はもうひとりのバンド・リーダー、ジーン〝ボウレッグス〟ミラーについて見ていくことにしよう。実は彼のバンドがいつレコーディング・デビューしたのかははっきりとわかっている。

その作品が大レーベルのヴィー・ジェイに直ちにリリースされ発売されているからだ。その発売年月を辿るのは容易である。つまりその最初のレコードはボウレッグス&ヒズ・バンドの名義で、〝One More Time Pt 1 & 2〟としてメンフィスのローカル・レーベルから出されている。ザブというもので番号はZab101だ。その同じ61年にヴィー・ジェイにリリースされVee Jay400としてリリースされたのが件のレコードである。ヴィー・ジェイのカタログによればそれは61年9月から12月の間にリリースされたものであることがわかった。そのレコードにはレイ・ミーダーズ・プロダクションの記載があった。その名前はジーン・ミラーと共にこの曲の作者としても記載されている。このレイ・ミーダーズとは一体何者なのか。ディッギー・ドゥの異名を持つ彼は意外やルイジアナで名高いDJでもあった。そもそもはドラマーだったようで、実際ライトニン・スリムのデビュー・セッション(54年のフューチャー作品)ではドラムスをたたいていたほどだ。かといってこの「ワン・モア・タイム」のドラマーがこのレイ・ミーダーズであるとは考えにくい。DJの力を借りてレコードの売り上げを伸ばすということは50〜60年代には頻繁に行なわれていたからだ。レイ・ミーダーズはその力を買われ、同じ年カーラ・トーマスのデ

Bowlegs & His Band の“One More Time”。

ビュー・アルバム『ジー・ウィズ』のスリーヴ・ノーツの寄稿を頼まれた。恐らくその関係で、同じメンフィスのアーティスト、ジーン・ミラーとのつながりもできたのだろう。

「ワン・モア・タイム」は完全にウィリー・ミッチェルのクロール系のパターン、つまりはストロール・スタイルのダンス・ナンバーとなった。ウィリー・バンドがそれを録音してから2、3年の間にそのビートはメンフィスに深く浸透していた。後に触れるが、実はこのドラムスはアル・ジャクソンによるものだった（＊8）。であれば、見事にクロールのビートが刻めたのも当然だった。その後ジーン・ミラーは同じザブでもう1枚のシングルを発表、さらには後にゴールドワックスのメンバーとなってメンフィス・ソウルには欠かせない人物となっていくのだが、残念ながらそのバンド・メンバーに関しては誰も記載していないのだ。『スウィート・ソウル・ミュージック』を著したピーター・グラルニックも、そして『スタックス・レコード物語』を著したロブ・モーマンも。そしてこれがメンフィス・ソウルのミッシングリンクとして重大な課題を残すことになる。

（＊1）グッドウィル・レヴューはソウル・スターラーズなど人気アーティストをフィーチャーし、アル・ジャクソン・シニアのバンドもそこに含まれていた。
（＊2）The Complete Sun label Session Files by Colin Escott and Martin Hawkins p.35
（＊3）『Hi Records/The R&B Sessions』（Damon Hi UK LP 439）のジャケット写真より

（＊4）「Memphis Man」by Mike Leadbitter, Blues Unlimited No 107（74年4、5月号）P20

（＊5）『Willie Mitchell/The Memphis Rhythm 'N' Blues Sound Of Willie Mitchell』（Stomper Time STCD 26/Pヴァイン PCD 17447）

（＊6）Ben Branch『The Last Request』（Chess LP 1524）にその思想が明確にあらわされている。

（＊7）『スタックス・レコード物語』P87

（＊8）Howard Grimes『Timekeeper/My Life In Rhythm』（Devault Graves Books）p.54

第2章
60年代に興った
ダンス／インスト・ブーム

参入し始めた白人

60年代に突入したその入口は黒人音楽にとっても大きな変革期となった。それを象徴するのがトゥイスト・ブームとさらに広がるダンス・ブームだった。恐らくそれに詳しく触れれば1冊の本を要するだろう。簡単に素描すれば、まずハンク・バラード&ザ・ミッドナイターズ、チャビー・チェッカーの存在が外せない。バラードが「ザ・トゥイスト」の原曲ともいうべき作品に出会ったのは58年頃のことだった。つまりナイチンゲイルスという南部のゴスペル・グループが歌っていたのがその原曲だというのである。それをハンク・バラードが少し歌詞を変え「ザ・トゥイスト」として発表、さらにチャビー・チェッカーに渡って60年に大ヒット、さらに61年から62年にかけてもう一度ヒットし、世界的な流行をもたらした。このダンス・ブームは黒人ばかりでなく、白人ティーンエイジャーの動向を大きく変えた。黒人も白人もダンス・ホールに引き寄せられ、一緒にダンスに興ずる姿がしばしばフィルムにも収められた。特に人種差別の緩い東部や北部の都会ではそれが顕著だった。いやそれは既に50年代に始まっていたと言ってもいい。ドゥー・ワップにおける人種混交はその先駆けとなった。一体そうしたブームはメンフィスのシーンにどのような影響を与えたのだろうか。

人種差別が厳しかったメンフィスでも後にミュージシャンやプロデューサーとして名を成す白

人がティーンエイジャーの頃に黒人バンドを目撃したことが多くの証言から得られている。60年前後にはメンフィスにおいても白人によるバンドも登場し始めた。マーキーズもそのひとつだった。彼らは既に50年代末に結成されたロイヤル・スペーズというアマチュア・バンドがその始まりだった。その経緯については『スウィート・ソウル・ミュージック』や『スタックス・レコード物語』の中でも詳しく触れられている。彼らが他のバンドを差し置いていち早く名を売ったのはそれらの著書にも書かれているように、その実力というよりはパッキー・アクストンの存在によるところが大きかった。というのも彼はサテライト／スタックスの創設者のひとりエストラ・アクストンの息子だったからだ。とはいえ、このバンドが後にメンフィス・ソウルに貢献する重要人物を擁していたことは否定できない。つまりスティーヴ・クロッパー、ダック・ダン、ウェイン・ジャクソンといった連中である。

その「ラスト・ナイト」は61年の初夏幾多の困難を乗り越えて誕生した。つまり白人だけではどうにもならず、結局黒人ミュージシャンが多数応援してその曲が出来上がったという話である。ドラマーはカーティス・グリーンだったという説が有力だし、他にもベースやホーンに黒人が潜り込んでいた。最初サテライトから発売されたシングル盤にはバリトン・サックスのフロイド・ニューマンの名前が記載されていた。何よりも重要なのはこの時初めてメンフィスで黒白混成のバンドが誕生したという事実である。これを機にその混交には拍車がかかった。

他にもあった白人バンド

今マーキーズの名前を挙げたが、実はこうした白人バンドはメンフィスにはいくつか存在した。既に「スモーキー」のナンバー・ワン・ヒットを60年前後に放っていたビル・ブラックス・コンボ、コブラ・キングス、ローラー・コースターズ、スカイライターズなどである。やはりビル・ブラックス・コンボの成功がこうしたバンドの誕生を促したのだろう。メンフィスは当時有数のバンド天国だった。コブラ・キングスはサンのロック歌手グレン・ハニーカットのバックを務めるところからキャリアが始まった。やはりギターとオルガンにメンフィスらしさが溢れており、メンフィスのローカル・レーベル、ブラック・ゴールドから60年にはデビュー、3枚のシングル盤を残している。そこにはメンバーらしき五人のクレジットが残されている

が、後に有名になった人はいなさそうだ。

ローラー・コースターズに関してはレコード上にメンバーの記載がなく、正体は不明だ。ただしヴォーカル入りのシングルが1枚だけあり、そこにはトゥーキー・コラムの名が記されている。恐らく彼らもまた、エルヴィス・プレスリーのバック・バンドとして出発したビル・ブラックス・コンボのようにロック歌手のバック・バンドとして出発したのだろう。他にも生きのいいケニー・ランドをフィーチャしていた。60年代に入ってバンド・ブームが訪れるや、サンの系列であるホリデイ・インから61年にデビューし4枚のシングル盤を残したが、それはビル・ブラックス・コンボやさらに歴史のあるビル・ドゲットのバンドを彷彿させるところがあった。テナー・ソロやギター・スタイルにはメンフィスらしさが溢れている。

こうした白人バンドの中でもマーキーズと並んで重

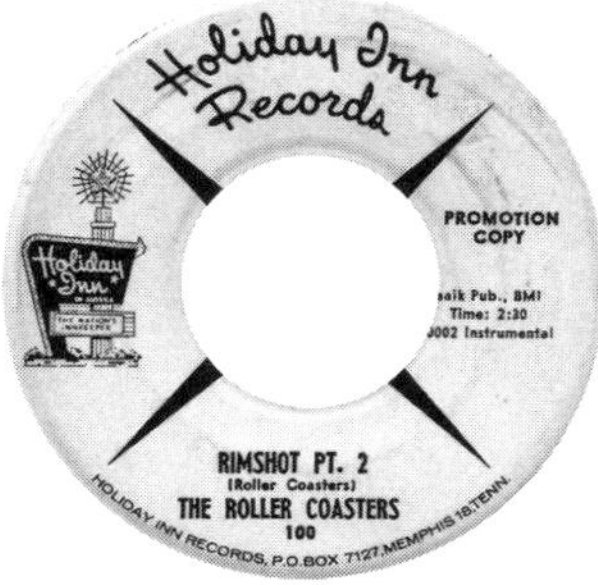

メンフィスにあった他の白人バンドのレコード、マーキーズ、コブラ・キングス、ローラー・コースターズ、スカイライターズ。LP があるのはマーキーズのみだが、彼らのデビュー盤にはどこにも写真どころかメンバーの名前すらない。これでは何もわからない。

要なのがスカイライターズと名乗るバンドだ。このバンドはベース奏者のビリー・ウッドが結成したもので、やはりサンのロカビリー歌手ドン・ホジアのバック・バンドから始まった。そのバンドには後に名を成すサックスのチャーリー・チャルマーズや弟のピアニスト、ボビー・ウッドなどが在籍していた。その後ビリーはスカイライターズとして独立したが、ボビー・ウッドの方はポップ志向の強いシンガーを夢見てたくさんのレコードを出したが、不発に終わった。

62年スカイライターズは〝Hold On/Look A Here〟(Pen 110)で地元のレーベルからデビューする。このレーベルはXL同様エンジニアのスタン・ケスラーが始めていた。力強いメンフィス・ビートを持つその作品は同じ年にワーナーの目にとまり、全国発売が決まった(W.B. 5291)。その後XLに昇格した彼らは64年にさらにレコードを発表、66年にはエヴァー・レディーズ(The Ever-Readys)と名前を改め、〝The Happy Hour/Jenny Take A Ride〟(XL 351)を発表する。このグループが重要なのはそのメンバーにキーボード(ピアノ)のボビー・ウッドの他に、ベースまたはギターのトミー・コグビル、ドラムスのジーン・クリスマン、サックスのチャーリー・チャルマーズらを擁していたことによる。つまり後のアメリカン・スタジオのメンバーはここに出発点があった。2曲ともギターが大きくフューチャーされているが、レジー・ヤングは既にメンバーの一員に収まっていたのであろうか。彼は当時はまだウィリー・ミッチェルのバンドに残っていた可能性の方が強い。となるとギターを弾いているのはトミー・コグビル、ベースはビリー・ウッドということになる。

さあこれでメンフィスの主なバンドは出そろった。改めて整理してみよう。黒人バンドはウィリー・ミッチェル、ベン・ブランチ、ジーン〝ボウレッグス〟ミラーのバンド、そして白人バンドはビル・ブラックス・コンボ、マーキーズ、コブラ・キングス、ローラー・コースターズ、スカイライターズ、エヴァー・レディーズである。当初これらのバンドには人種混交は見られなかった。ところが61年それは大きく変わる。こうしてそのバンド・メンバーは一層複雑さを増す。それが61年に始まる数年間だった。61年から62年にかけて歴史はどう動いたのだろうか。

先導したウィリー楽団

先導したのはウィリー・ミッチェルのバンドだった。先にも触れたようにウィリー・ミッチェルは60年にホーム・オブ・ザ・ブルースのアーティストとして契約し、同時にそのレーベルのハウス・バンドとなった。幸いこのレーベルの作品は95年にPヴァイン・クラブのCDとして何枚か発売され、その際にマーク・ライアンのリサーチによってかなり見通しがよくなっている。そもそもホーム・オブ・ザ・ブルースというのはメンフィスのビール・ストリートに店を構えていたレコード・ショップのことだった。それがレーベルにまで発展したというのは、スタックスが隣にサテライト・レコード・ショップを構えていたように当時は珍しいことではなかった。だがサテライトの方が懇切丁寧に対応してくれたのに対し、ホーム・オブ・ザ・ブルースのお店は敷居が高く、なかなかレコードも見せてくれなかったと実際に訪れたスティーヴ・クロッパーやダック・ダンが語っているほどだ（＊1）。これを読んで苦笑してしまった。というのもわたしにも思い当るところがあったからだ。

ホーム・オブ・ザ・ブルースはビルボードが発行していた『バイヤーズ・ガイド』の65年版や66年版にもなおレコード会社とワン・ストップの項に載っていた。ワン・ストップというのはディストリビューターより小規模の卸し兼ショップであり、全国から集められたレコードを扱っていた。これだったらさぞかしブルースやソウルのシングル盤が豊富で買えるんじゃないか、こう思いついたわたしは丁寧に手紙をしたため、69年の2月17日にそれを投函した。あて先不明で戻ってこなかったところを見ると、確かに届いていたらしい。ところが首を長くして待ってもついに返事は来なかった。まあこんな苦い思い出のあるのがホーム・オブ・ザ・ブルースだったわけだ。

オーナーのルービン・チェリーがなぜロイ・ブラウンとデイヴ・ディクソンからレーベルを始めようとしたかはよくわからない。ただデイヴはともかくロイは40、50年代のR＆B界のスターであり、彼のレコードは数えきれないくらい店で売ってきたのだろう。当時ロイはニューオーリンズに住んでいたので、ルービンはそこまで車を飛ばした。最初はロイの出世作「ハード・ラッ

ロイ・ブラウン。

ク・ブルース」の権利が買えないかということだったらしいが、ロイに売る気がないことを知るや、今度はクラブに赴いてロイのギグを見入った。「以前と変わらない声じゃないか、レコーディングはしていないのか」。実は彼はインペリアルとの契約が切れ、昔レコードをたくさん出していたキングに再度レコーディングをしていた。だがこれもアーティスト契約というよりはワン・ショット的なものだったのだろう。

翌日には彼らはメンフィスに飛び、契約を交わした。60年6月1日のことだったという。そして次の日にはスタジオ入りしたというから、それは6月2日ということになる（＊2）。その時ロイの家の近くに住んでいたデイヴ・ディクソンもチェリーに会わせ、ふたりのレコーディングが実現したという。急いでウィリー・ミッチェルのバンドが用意された。そのバンドに感心したチェリーはその後1年間の契約を彼と結んだ。つまり60年6月から61年6月くらいまでウィリーはアーティスト契約を結ぶと共に、そのハウス・バンドになる契約を結んだことになる。だがロイの記憶はちょっと違っている。スコッティ・ムーアがセッションを仕切ったというのだ。恐らくスコッティはエンジニアとして立ち会ったのだろう。後にしばしばエンジニアとして活動していることがその証拠となる。

そのレコードはロイ・ブラウンの107番から始まったが、それはそのショップがあったビール・ストリートの番地から取られたものであった。続いて7月15日ファイヴ・ロイヤルズとの契約がまとまった。彼らはその直前までキングにレコーディングしており、ロイ・ブラウンの計らいでこのレーベル入りが決まった。今度その契約をまとめたのは経理を担当していた女性のセリアGキャンプの方で、何と3600ドルの前払い金にツアー用のステイション・ワゴンの新車を付けるという破格の条件だった。その夏には10日間に渡るマラソン・セッションが待っていた。このレーベルでは一番多い5枚のシングル盤を出したのも元を取るためには当然のことだったろう。

恐らくスティーヴ・クロッパーがファイヴ・ロイヤルズのステージを観たのはこの頃だったのではないだろうか。彼はファイヴ・ロイヤルズのキングのレコードなどをよく聞いており、そのギタリストであるローマン・ポーリングが最も影響を受けたギタリストであることを前から公言していた(＊3)。実際に観て彼はそのギター・スタイルばかりでなく、ストラップを長くしてギターを床すれすれで弾いたりまた持ち上げて弾いたりする姿にいたく感心したらしい。この時代でいえば、ドン・ブライアントが作った「アイ・ガット・トゥ・ノウ」の後半のギター・リックを耳にすれば、いかに彼がクロッパーに影響を与えたか納得できるはずだ。

ルーベン・チェリーはウィリー・ミッチェルとの契約が切れた後も、なおも録りためていた作品を小出しにリリースしていたが、ディストリビューションの脆弱さはいかんともしがたく、61年の末になってヴィー・ジェイとの契約をまとめた。つまりホーム・オブ・ザ・ブルースの作品をヴィー・ジェイからもリリースするわけで、その中からウィリー・コブズとファイヴ・ロイヤルズの作品が選ばれた。だが62年に入るといよいよ状況は厳しくなり、ファイヴ・ロイヤルズの「トーク・アバウト・ア・ウーマン」はヴィー・ジェイにリースされ、そこからだけのシングルとなった。ベルズ・オブ・ジョイの名作「レッツ・トーク・アバウト・ジーザス」を改作したものとしてあまりに有名である。そもそもノース・カロライナ州ウィンストン＝セイラムのゴスペル・カルテットとして出発した彼ららしい選曲と言えるかもしれない。

ウィリー〝ユー・ドント・ラヴ・ミー〟コブズ

そのカタログにはウィリー・コブズの有名な「ユー・ドント・ラヴ・ミー」も含まれていたが、これはホーム・オブ・ザ・ブルースのカタログの中でもウィリー・ミッチェルのバンドがついていない数少ない例である。これはそもそも同じメンフィスのモージョというレーベルから60年に出されていたもので、3回出し直しされたわけだ。モージョはサンのロカビリー・シンガーとして成功したビリー・ライリーが設立したレーベルのひとつだった。彼はギターのみならずハープを吹くほどのブルース好きでもあった。彼はその後ホーム・オブ・ザ・ブルースでもレコードを出すことになるので、いわばその〝おみやげ〟としてウィリー・コブズのレコードを進呈したのだろう。「ユー・ドント・ラヴ・ミー」はたちまち人気となり、その後ブルースのひとつのパターンとして定着していく。だがその曲はそもそもボ・ディドリーが55年に「シーズ・ファイン、シーズ・マイン」というタイトルで録音していたもので、コブズはシカゴでその曲のことを知った。彼はボの曲にあったどろどろした感じを払拭し、原曲でハープが担っていたリズム・パターンをギターに置き換えてより印象的な作品に仕上げた。後に盛んにカヴァーされたのもこのギター・パターンがあったおかげとも言える。それを担当したのはほかならぬサミー・ローホーンだった。ウィリー・ミッチェル・バンドがホーム・オブ・ザ・ブルースのハウス・バンドだったから当然と思われるかもしれないが、そうではないのだ。

先にウィリーの初期のバンドでギタリストが写っているものがないと書いたが、サミー・ローホーンはウィリー・バンドのレギュラー・メンバーだったことはなく、彼に頼まれギタリストとして参加しているだけのことだった。むしろサミーをバンド・メンバーとしたのはウィリー・コブズの方だったのだ。実はウィリー・コブズもサミー・ローホーンも出身はアーカンソーで、メンフィスは一時的な滞留地にすぎなかった。彼らがまず向かったのはシカゴであり、ブルースを目指すなら当然の選択だったろう。コブズはそこで後にバンドを組むテナー・サックスのリコ・コリンズに会っているが、サミーもそのひとりだった。コブズはそのサミーと共に50年代末に既にレコーディングを経験していた。60年頃南部に戻ったコブズは同じくシカゴからメンフィスにやってきていたピアニストのエディ・ボイドをメンバーに加えて、「ユー・ドント・ラヴ・ミー」の録音に臨んでいる。その時エディ自身のレコーディングも行なわれ、それも同じモージョから〝Vacation From The Blues/It's Too Bad〟(Mojo 2167) としてリリースされている。バック・メンバーは同じで、コブズはベースを担当した。彼は後にはほとんどハープを演奏したが、ベース・ギターも堪能だった。この2曲もしっかりしたリズムにサミー・ローホーンが鮮やかなソロさばきを見せるという作品だった。

61年から63年にかけてコブズはフロリダからテキサスなど広く南部のツアーに明けくれたが、その時のバンド・メンバーは次のような顔ぶれであった。以下英語表記する。

Willie Cobbs(b,hca)、Sammy Lawhorn(g)、〝Troy〟(2nd g)、'Rico' Collin(ts)、Ernest Harris(tp)、George(d)(＊4)

ご覧の通り、サミーがギタリストとして明記されているが、セカンド・ギタリストのトロイとは一体何者か。後に重要な働きをすることになるので、よく頭に入れておいてほしい。ウィリーはこの頃様々なレーベルからレコードを出しているが、その状況はちょっと複雑だ。それだけ「ユー・ドント・ラヴ・ミー」の評判が高かったことをそれは示している。ディスコグラフィーに従えば、順にC&F、Ruler、JOB、Pure Goldとなっている。ところが63年に出されたとされる〝Lonely Boy〟(Pure Gold 302)を聞いてみると、このギターはサミー・ローホーンとしか思えないのだ。果たして彼は63年までメンフィスに滞在していたのか、これだけでもディスコグラフィーの信憑性が疑われる。わたしの考えによれば、他の作品にローホーンが入っていないことから、ピュア・ゴールドの「ロンリー・ベイビー」は62年頃コブズのツアー中に録音されたか、それ以前に録音されたものだろう。実際はローホーンがシカゴに向かった62年以降はトロイがリード・ギタリストに昇格していたと考えられる。

アル・ジャクソンの処遇

さてここで改めてウィリー・ミッチェル・バンドのその後の活動を見てみよう。61年6月頃ホーム・オブ・ザ・ブルースとの契約が切れた時、そのバンド・メンバーには未来に向けた新たな活動が待っていた。つまり、ベースのルイ・スタインバーグ、ドラムスのアル・ジャクソンらの活動である。その直後スタインバーグには大きな仕事が待っていた。マーキーズの「ラスト・ナイト」への参加である。彼はギルバート・ケイプルに連れられてスタックス・スタジオにやってきた。この曲は61年7月にはチャート入りしたので、その5月か6月には録音を終えていただろう。一方アルの方はサン・スタジオでの要請に応じていた。『サン・セッション・ファイルズ』にはあちこちに彼の名前を目にすることができる。

アルが初めて参加したのは白人ギタリスト、グラッド・サッグスとのセッションで、それは61年8月6日のことだった。それから10か月余り、おびただしい数のセッションに彼は参加する。その中にはジェリー・リー・ルイスやチャーリー・リッチもいたほどだ。特に注目したいのが62年の春に行なわれたジェブ・スチュアートとのセッションだった。この時オルガンのブッカー・T・ジョーンズ、ギターのスティーヴ・クロッパー、ドラムスのアル・ジャクソンが揃ったとされるからだ。他にもバリトン・サックスのフロイド・ニューマンやベースのルイ・スタインバーグの存在も推測されている。つまりMGズ結成の前夜とも言えるセッションだった。それは〝I Ain't Never/In Love Again〟(Philips International 3580) としてリリースされたが、「イン・ラヴ・アゲイン」にはアル得意のパターンが刻まれている。恐らくブッカー・Tに誘われて参加したクロッパーは、そのセッションで初めてアルのプレイに接し、驚いたに違いない。これこそ求めていたドラマーだと。

だが問題が残されていた。アルはウィリー・ミッチェルのバンド・ドラマーを辞めていたわけではなかったのだ。実際ウィリーは61年の末にはハイと契約し、その一歩を踏み出そうとしていた。ただウィリーはアルを縛り付けるようなことはせず、比較的自由に他のセッションに参加することを許していたようだ。最近出版されたハワード・グライムスの『タイムキーパー』では次のように語られている。

「わたしが初めてアル（ジャクソン）が演奏しているのを観た時、それはボウレッグスとやっている時だったが、興奮したねえ。実際アルはヴィー・ジェイで〈ワン・モア・タイム〉というインストルメンタルをボウレッグスと出していた。それはサテライトが〈ラスト・ナイト〉で始めていたサウンドを彷彿させた。〈ワン・モア・タイム〉の後ボウレッグスはメンフィスを離れてミネソタに行ってしまう。でも戻ってきて、カリーズ（クラブ）でお祝いをしたんだ。それがわたしが初めてアル・ジャクソンを観た時だった」（＊5）

ここで述べられている「ワン・モア・タイム」という作品は61年にボウレッグスのデビュー作として発表されたということは前の章でも触れた。しかしヴィー・ジェイ盤が61年の9月から12月の間にリリースされたとなると、オリジナルのザブのシングルは少なくともその年の7月から10月頃までに発売されていた可能性が強い。つまりはアル・ジャクソンがホーム・オブ・ザ・ブルースのセッションから解放された61年の7〜9月頃に録音されたものこそ「ワン・モア・タイム」という作品だった。つまり「ラスト・ナイト」のヒットに刺激されただちに録音されたのだろう。それは上記のハワードの証言と一致する。だがアル・ジャクソンはボウレッグスのバンド・メンバーになったわけではなかったのだ。

動き出したハイ

ウィリー・ミッチェルはホーム・オブ・ザ・ブルースの経営が思わしくないと知るや、61年の末には成長著しいハイとの契約を結んだ。その当時のハイは全く黒人アーティストは在籍しておらず、ほとんどビル・ブラックス・コンボのためのレーベルという趣だった。そこにハイのジョー・クーギオは危機感を抱いたのかもしれない。61年末初めての黒人アーティストを迎い入れた。それがウィリー・ミッチェルとそのバンド、そして歌手のドン・ハインズだった。ハインズはベン・ブランチのバンドで歌っていたブルース・シンガーだったが、この時は独立し、ボビー・ブランドのような歌手を目指していた。その最初のセッションはウィリーが取り仕切り、同じ日にレコーディングされた可能性が高い。それは年を越してリリースされた。つまりハイのファイルによれば、62年1月20日にハインズの〝Baby, Tell It Like It Is/I'm So Glad〟(Hi 2043)が、2月5日にはミッチェルの〝Crawl Pt 1&2〟(同 2044)がリリースされた。ハインズの方が先行したのはハイが何よりもヴォーカルもののヒットを欲していたからだろう。その2曲は出来としては申し分なかったが、50年代を引きずったスタイルに大きな成功は望めなかった。ウィリー・ミッチェルのインストも同様だった。実はこのシングルにはからくりがあった。パート1と2となっているものの、パート1はストンパータイム時代に録音したものをそのまま入れたものだった。つまりは58年の録音である。ようやくパート2になって新しい録音を行なったが、メンバーはほとんど替わっておらず、テナー・ソロを少し変えたくらいだった。ただほんのわずかにテンポが速められているようだ。それが時代の要請というものだったろう。

ウィリーはその年の6月と10月にもシングル盤をリリースしたが、2枚目は何とか従来のメンバーで凌いだものの、問題は3作目だった。その作品〝Sunrise Serenade/Easy Now〟(同 2058)はウィリーにとってもターニング・ポイントと

ハイの最初の黒人アーティストとなったドン・ハインズ。

なるものだった。なぜならそのレコーディングの時に彼は3人のメンバーを失っていたからだ。ひとりはギタリストのサミー・ローホーンだった。彼は既にウィリー・コブズと共にツアーに出てその後再度シカゴに向かっていた。64年には念願のマディ・ウォーターズ・バンドへの加入が決まった。それを示唆するのがホーム・オブ・ザ・ブルースのジミー・ドットソンのレコーディングである。ドットソンはルイジアナの出身で、実際にライトニン・スリムやサイラス・ホーガンらとの交流があった。そして時に応じてドラムスを、そして時に応じてギターをプレイした。既に50年代末には彼らと同じくクロウリーでのレコーディングを経験している。ところが61年になって彼はルイジアナを離れる決心をする。バンドとしての仕事もめっきり減っていた。すると当時レコーディングに関わっていたヴィンセント・トラウトという男が、メンフィスにフィリップス・レコーディング・スタジオというのがある、そこなら仕事にありつけるんじゃないかとアドヴァイスをくれた。こうして彼はメンフィスに向かうことになる。

ルイジアナのジミー・ドットソン。ヴォルトのジミー・ドットソンは別人。

そのスタジオ、つまりはサン・スタジオに赴くと、ちょうどジェリー・リー・ルイスとチャーリー・リッチがレコーディングしている最中だったという(＊6)。一体それはいつのことなのか。再び〝Sun Label Session Files〟を注意深く調べてみた。61、2年でこのふたりが同じ日とは言わなくとも近い日に録音しているものはないか。すると両者が共に62年1月にスタジオ入りしていることを突き止めた。ジェリー・リー・ルイスが1月14日か24日、チャーリー・リッチが1月17日である。その不備もあって正確な日にちが確定できない。いずれにせよ、先に述べたようにドラマーのアル・ジャクソンがいずれのセッションにも参加していた。これを目撃してドットソンはこれならいけると考えたに違いない。ところがサンのスタッフはドットソンとの契約を見合わせる。そこで彼はそのスタジオの通りを隔てたところにあったホーム・オブ・ザ・ブルースを訪ねてセリア・キャンプと会う。彼女はレコーディングをセッティングしてくれ、めでたくレコーディングが実現した。それが〝Feel Alright/Search No More〟(Home Of The Blues 244)というものである。これは62年の11月頃にリリースされたが、先にも触れたようにホーム・オブ・ザ・ブルースはほとんど活動停止状態にあった。図らずもこのシングルが最後のものとなった。

ドットソンのレコードはいつ録音されたのだろう。62年の春、つまり4～7月頃というのが妥当な考えだろう。ウィリー・ミッチェルは既に契約をとっくに終了し、ハイに新天地を求めていた頃だ。セリアはウィリーに再度レコーディングに立ち会ってくれないかと相談しただろう。セリアにはドットソンが新たな可能性を示すシンガーと映ったのかもしれない。というのもジミーはそれまでのメンフィスにはいないタイプのシンガーだったからだ。ルイジアナ時代がダウンホームだったのはその環境のせいもあり、実はソウル感覚をも身につけていた。実際「フィール・オーライト」はレイ・チャールズのスタイルを意識した立派なR&B仕立てだった。同じく自作の「サーチ・ノー・モア」で十分ブルースらしさが出るが、やはりボビー・ブランドを意識したようなスタイルだ。

もうひとりのギタリスト

問題はこの2曲で弾いているギタリストは一体誰かということである。サミー・ローホーンではない。彼のような鮮やかなプレイは出現せず、まあ地味なブルース・ギタリストと言っていい。ここでもう一度先にあげたウィリー・コブズのバンド・メンバーを見てほしい。セカンド・ギタリストにトロイという名前がある。彼は既にホーム・オブ・ザ・ブルースのロイ・ブラウンのセッションなどにセカンド・ギタリストとして参加していた。61年末か62年初頭サミーは再度シカゴへと旅立ち、既にメンフィスにはサミーはいなかった。その穴を埋めたのがトロイだったと考えられる。先にも触れたように、セカンド・ギタリストからリード・ギタリストへと昇格したのである。

ギタリストに続いてウィリー・ミッチェルは他のふたりも失うことになる。ブッカー・Tはアル・ジャクソンとしばしば共演するうちにそのすばらしさを知り、何とか一緒にできないかと考えていたようだ。そんな折サンのスタジオで一緒に録音する機会を得ている。62年春のジェブ・スチュアートのセッションである。この時初めてアル・ジャクソン、ルイ・スタインバーグ、ブッカー・T、スティーヴ・クロッパーの四人が顔を合わせたと考えられる。アルこそ最高のドラマーと考えるクロッパーはブッカー・Tと共に盛んにバンドに勧誘したに違いない。ブッカー・T&ザ・MGズの誕生は目前に迫っていた。スタックスのスタジオに集まった四人が生み出した「グリーン・オニオンズ」であり、その大ヒットである。最初ヴォルトから発売されたそのシングルはすぐにスタックスからも発売され、62年8月25日付で、チャート入りを果たす。数週間後にはナンバー・ワンを射止める。すぐにアルバム用の録音があり、そのバックを欲するシンガーたちがいた。もはや物理的に見てもアル・ジャクソンがウィリー・ミッチェルのバンド・メンバーとして常時ギグを共にすることは無理なのは見えていた。この曲の大ヒットを境にメンフィスのソウル・シーンはまた大きく変わる。

(＊1)『スタックス・レコード物語』P36

（＊２）『Blues Unlimited』第１２４号、77年３／４月号、「Roy Brown Pt 2」ジョン・ブローブン、Ｐ18

（＊３）67年に発行された『Hit Parader』ではNo.39（67年9月）から「The Stax Story」という連載が始まった。聞き手はジム・デレファントだった。その1回目と2回目がスティーヴ・クロッパーの回だった。初回でジムの「あなたのお気に入りのギタリストは？」という質問に対して、スティーヴはこう答えている。「実は今までしゃべったことはないのだけど、ずっとアイドルだったのはファイヴ・ロイヤルズのローマン・ポーリングなんだ。キングの彼らのレコードは今も全部持っているし、今でも聞いているよ。彼のやることには打ちのめされたな。そのスタイルやフィーリングが好きだったからコピーしようとしたもんさ」（Ｐ45）当時これを読んでそうだったのかあと、鮮烈な印象を受けたものだ。

（＊４）Blues Unlimited No 73（June 1970）〝Willie Cobbs〟by Bengt Olsson

（＊５）Howard Grimes 前掲書、Ｐ54

（＊６）『Blues Unlimited』１４３号（１９８２年秋／冬号）〝A Hut For The Backbeat/The Story Of Jimmy Dotson〟by John Broven より

第3章
人種混交

ヒット・ザ・ロード・スタックス

67年3月スタックスを中心とするシンガーやバンド・メンバーは大西洋を渡り、イギリスに到着した。〝ヒット・ザ・ロード・ザ・スタックス〟俗にいう〝スタックス・レヴュー〟である。その前年あたりからオーティス・レディングを中心にイギリスでスタックス人気が盛り上がり、この企画が生まれていた。実際オーティスは66年にも単独でイギリス公演を行なっている。そのレヴューを観たイギリスの著名な評論家チャーリー・ジレットは『ザ・スタックス・ストーリー』の中でその時の模様を次のように書いている。

「わたしはロンドン西ハマースミスにあるオデオン劇場にツアーが到着した時に観た。〝ソウル〟ミュージックとは黒人だけの音楽であるという誤解から、わたしはすべてミュージシャンは黒人であるという期待を持っていた。そこにいる白人ギタリストは一体何なんだ！　この男はレコードでファンキーなフレーズを弾いているのと同じ人物なのか？　まさにそうだった。プログラムにはスティーヴ・クロッパーの名が記されている」（＊1）

これを幼い知識として一笑に付すことができるだろうか。チャーリー・ジレットはブルースやソウルの専門家ではないものの、それに理解を示す評論家のひとりだった。その彼がスタックスのミュージシャンは全員黒人だと素朴に考えていたというのである。実はわたしもその一人だっ

英『Home Of Blues』誌に載ったスタックス・レヴュー。この時大方のイギリス人もまたスタックスのバンド・メンバーのことを初めて知ったに違いない。

た。66年初めてオーティスのLPを何枚か手に入れ、そのライナー・ノーツを食い入るように読んだが、そこには人種に関することは何も書かれていなかったからだ。たとえば65年に出されたオーティスのデビュー・アルバム『ペイン・イン・マイ・ハート』の中でボブ・アルシューラーは次のように書いている。

「このアルバムでオーティスをバックアップするミュージシャンはふたつのよく知られたグループから引かれている。基本的にそのリズム・セクションはブッカー・T&ザ・MGズであり、ホーン・プレイヤーはマーキーズである。……彼らにとってオーティスとのレコーディングは常に至福の時だった。確かにそれは最高のプレイを示している。たとえば〈ヘイ・ヘイ・ベイビー〉におけるスティーヴ・クロッパーのエキサイティングなギター・ワーク、すべての曲で火花を散らすアル・ジャクソンのドラミングに耳を傾けてほしい……」(*2)

66年初めて手に入れたオーティスのLPライナーをわたしはさほど感心することなく読んだ。しかしそこに書かれているスティーヴ・クロッパーとアル・ジャクソンがMGズのメンバーであること以外は何も知らなかったと言ってもいい。オーティスのどのアルバムを見ても彼らの顔写真はなかったし、MGズのアルバムでさえブッカー・T以外の顔は写されていなかったからだ。彼らが白人と黒人であることなど知る由もなかった。そもそも当時はまだスタジオ・ミュージシャンという概念が確立されていなかった。仮にその頃オーティスのライヴが観られたとして、バックは全員黒人であるなら、レコードの方もその同じメンバーが録音していたと考えただろう。ライヴとスタジオではミュージシャンが全く違う(一部重複することはあるが)などというのは思いもつかなかったのだ。そこで思い出すのがモータウンの場合だった。64年から66年くらいまでモータウン・サウンドは憧れの音楽だった。特に痺れたのがドラムスを中心とするそのバック演奏だった。68年2月、タムラ・モータウン・フェスティヴァルと称しマーサ&ザ・ヴァンデラスとスティーヴィ・ワンダーが来日した。渋谷公会堂に向かう足取りはテンプテーションズの来日が突如中止になったという落胆を吹き飛ばし、モータウンのミュージシャンが初めて見られるという期待で軽くなっていた。ところが実際に観たそのプレイは再度気持ちを重くさせた。果たしてこのミュージシャンがあの幾多の傑作を作り出した輝かしいサウンドの主なのか。わたしにはとてもそうは思えなかった。一体モータウン・サウンドの作り手は誰なのか。それは相変わらず謎に包まれたままだった。ドラマーのベニー・ベンジャミンの名前を知ったのはそれから何年も経た後のことだった。

モータウンよりずっと早くスタックスのミュージシャンの全貌は明らかになりつつあった。65年8月、スタックスはロサンジェルスの5／4ボールルームでレヴューを行なっている。オーティスは不参加だったものの、ルーファス&カーラ・トーマスの親子、ウィリアム・ベル、MGズなどのミュージシャン、さらには「イン・ザ・ミッドナイト・アワー」をスタックスでレコーディ

Tamla-Motown Festival の立派なプログラム。だが20ページを越す記事のどこにもミュージシャンのことは一言も書かれていない。“モータウン・サウンド”を標榜していたにもかかわらず。

ングしたばかりのウィルソン・ピケットも加わり、大変な盛り上がりを見せたという。少なくともこのライヴを観た人たちは2人の白人ミュージシャンがいるということは知っていたわけである。だがそれを知っていたのはアメリカの中でもほんの一握りの人たちだったろう。だが66年に入るとそれはさらに好転した。その春オーティスの「サティスファクション」のヒットがきっかけとなって、イギリスやアメリカのロック・ファンの間でもオーティスの人気が急上昇し始めたのだ。その4月にはロスのロック・クラブ〝ウィスキー・ア・ゴーゴー〟への出演が決まった。後にレコードとなり、その有様は余すところなく知られているはずである。さらに9月には単独で渡英、イギリスでの確かな人気を裏付けた。とはいえこれらにはMGズが帯同していたわけではないから、まだその正体については多くのファンには霧がかかったままだったはずである。そんな時のいきなりのヨーロッパ・ツアーだったのである。チャーリー・ジレットがそのミュージシャンに白人がいて驚いたのも無理はない。

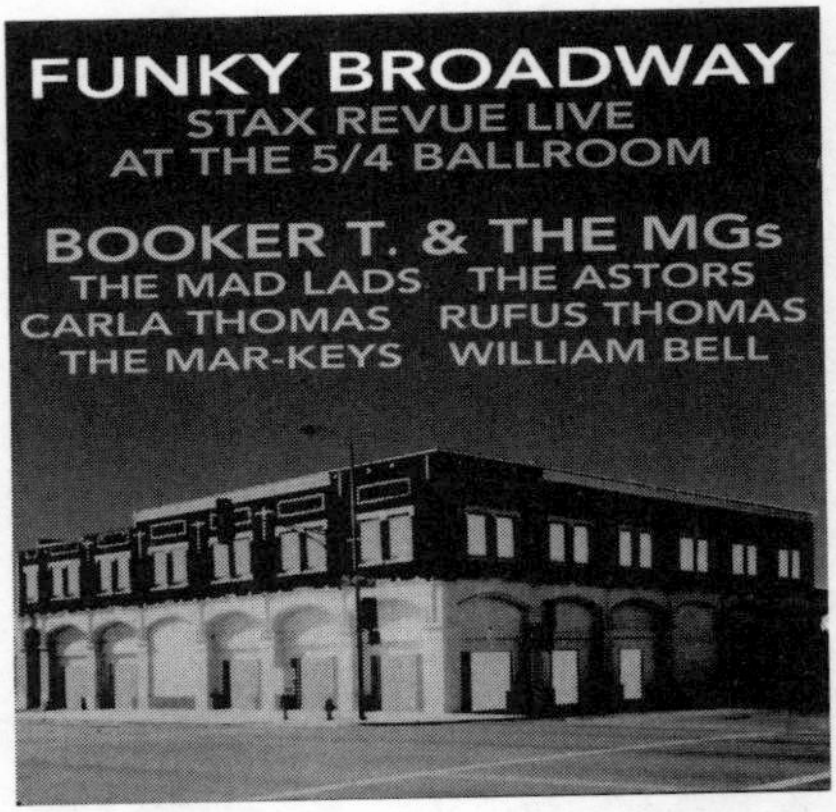

ロサンジェルスのThe 5/4 Ballroomで行なわれたライヴを収録したCD。

始まった人種混交

ソウル・ミュージシャンにおける黒人と白人との混交はまさしく60年代のソウル・ミュージックの発展と大きく関わっていた。そのリスナーが黒人大衆から大きく飛び出して白人、特に学生を中心とする層に浸透するためには白人ミュージシャンというのは大きな力になったはずである。しかもスタジオの中だけだったら人種の偏見にさらされることはない。だがいったん外に飛び出すや、人種の差別や偏見の嵐に身を置かなければならなくなる。マーキーズが「ラスト・ナイト」の大ヒットを生んだ時、実際はそのレコードで演奏していた黒人ミュージシャンがツアーに同行できないということなどその最たる例だろう。61年にもし黒人と白人の混合バンドで人種差別の激しい南部でツアーしていたらどうなっていたか。結局はマーキーズは本来の白人ばかりのメンバーで回らなければならなかった。

あるいはこの頃から黒人アーティストのツアー・メンバーは黒人、スタジオ・ミュージシャンは白人という色分けができていたのかもしれない。確かにスタジオ・オーナーやスタッフたちはほとんどが白人だったので、当時は白人ミュージシャンの方がずっと扱いやすかっただろう。

だがデメリットもあった。実力的に見て黒人の方が上ということがしばしばあったからだ。オーティス・レディングは自分のレコーディングではほとんどスタックスのミュージシャンと時間を共にしたが、アーサー・コンレイ、ビリー・ヤングなどをプロデュースする際に優先的に自らのツアー・メンバー、つまり全員黒人を登用している。南部のプロデューサーにとってはバンド・メンバーに黒人と白人を混ぜることが良策と考える人たちが多くいた。たとえばメンフィスのチップス・モーマンは自分がしばしば使っていたバンドにギタリストのボビー・ウォマックを入れた方がずっとバンドが引き締まることを知っていた。リック・ホールもスタジオで黒人ミュージシャンを好んで起用している。そのことについては拙著『ゴースト・ミュージシャン』の中で明らかにした通りだ。

それを身を持って体験したのがウィリー・ミッチェルだった。ウィリーはむろん黒人だが、62年から数年間白人ミュージシャンをバンド・メンバーに加えていたことがある。だが結局はハイ・リズムという黒人だけのバンドに行きついている。その試行錯誤の時代に彼は何を思ったのか。改めて見ていくことにしよう。

通り過ぎた五人のドラマー

61年末にハイと契約した当初はウィリーのバンドはなおそのままだった。欠けていたのは既にシカゴに去ったサミー・ローホーンだけで、アル・ジャクソンとルイ・スタインバーグ、そしてキーボードのジョー・ホールは健在だった。その2枚目のシングル「バディ・ベア」(原盤はHi 2053)は62年の6月15日にリリースされたが、ウィリーはその足りない部分つまりギタリストをビル・ブラックス・コンボから借りている。すなわちレジー・ヤングである。ところが62年8月ブッカー・T&ザ・MGズの「グリーン・オニオンズ」の大ヒットが誕生するや、ウィリーのバンドには危機が訪れた。もはやアル・ジャクソンとルイ・スタイバーグがふたつのバンドの掛け持ちというわけにはいかなくなったのだ。早速MGズにはアルバムのためのレコーディングが待っており、新曲も作らなければならなくなった。62年にはオーティス・レディングという有望な〝新人〟がスタックスの傘下ヴォルトからデビュー、その他にも続々とアーティストが加わり、ハウス・バンドとしての地位は動かしがたいものとなった。ウィリーは62年10月にニュー・シングルをリリースすることになったが、もはやかつてのメンバーを集めることは不可能だった。それが「サンライズ・セレナード」(原盤はHi 2058)だった。彼は抜けた穴を埋めるためにさらにビル・ブラックス・コンボの助けを必要とした。すなわちドラマーのジェリー・アーノルドに応援を求めている。ではベースはどうしたのか。ビル・ブラックがベーシストだったので、その応援を求めたこともあっただろうが、それではビル・ブラックス・コンボと寸分変わらないことになる。彼はかつてのベーシスト、ロイ・ストロングを呼び戻したかもしれないし、リロイ・ホッジスを早くから起用していたかもしれない。

ウィリーは63年3月25日に新しいメンバーを使って初めてのアルバム『サンライズ・セレナーデ』をリリースする。ほとんどスタンダード・ナンバーで埋め尽くされたそのアルバムは悲惨だった。ウィリーの本来の姿からは程遠いものだったからだ。なおもそのメンバーでレコーディングを続けた彼は63年末か64年になって再びアル・ジャクソンに声をかけた。「もう一度レコーディングしてくれないか」と。

スタックスではようやくハウス・バンドとしての努力が実りつつあった。オーティスがデビュー以来順調に好成績をあげ、ルーファス・トーマスが「ザ・ドッグ」「ウォーキン・ザ・ドッグ」のヒットを63年に放っていたからだ。「なんだクロールの歌版じゃないか」ウィリーがこう言ったかどうかはわからない。だが「ザ・ドッグ」が「ザ・クロール」にヒントを得て作られたものであることはルーファス本人も認めている。恐らくそこでレコーディングされたのがウィリー版「ザ・ドッグ」と「20－75」だった。アル・ジャクソンは次のように語っている。

「わたしはハイ・レコードでウィリー・ミッチェルと〝20－75〟を録音した。それはシンコペイトされたものだった。わたしは彼とは6年間やったんだ。それ（シンコペイトされたもの）はしばらく人気があった。でもそれは古いストンプ・リズム（4／4のストンプと彼は言っている）に戻っていったんだ。その方がソリッドで、子供達には受け入れられやすかったんだろうな。誰もがストンプの自然さを感じているもんさ」（＊3）

ここにはいろいろ興味深いことが語られている。まず6年間という数字が出てくる。彼が58年にウィリーの正式メンバーになってから63年かこの曲が録音されたと思われる64年初頭までのおよそ6年間をそれは指しているのだろう。「20－75」は64年3月10日にリリースされたが、その曲の由来はレコード番号がHi 2075だったという実に他愛ないものだった。だがこの語呂合わせがかえって功を奏す。この曲はようやくその年の9月になって動き出し、ウィリーにとっての初めてのチャート・ヒットとなる。

アル・ジャクソンがここでシンコペイトされたものというのはクロールのビートのことを指す。だがこの曲は前作に当たる「パーコレイティン」のベース・パターンを引き継いだものだった。だがその曲ではドラマーのジェリー・アーノルドは4／4のストンプ・リズムを刻んでいる。それに対して「20－75」でアル・ジャクソンが繰り出すのがおなじみクロールのビートである。その見事な腕はここでも発揮されている。とはいえ、新しさもあった。レジー・ヤングのギターとジョー・ホールのオルガンが前面に押し出され、その核になっている点だ。これはまさに「グリーン・オニオンズ」がもたらした余波だった。それは同時に録音したと思われるウィリー版「ザ・ドッグ」に顕著だった。ルイ・スタインバーグが抜けた分ルーファスのオリジナルに比べて重みに欠けるのだ。これはウィリーには痛いほどわかっていた弱点だったろう。

上記のアルの証言で、クロール・ビートから4／4のストンプ・リズムに戻っていったと語られていることも興味深い。これはたとえばオーティス・レディングでいうと、「セキューリティ」の頃はクロールのビートが使われているのに、「ミスター・ピティフル」「リスペクト」「アイ・キャント・ターン・ユー・ルーズ」になると4／4のストンプ・リズムが使われるようになったことを意味している。確かにドラムスのリズムは戻ったが、その後ベース・ギターを中心に変革がおこり、シンコペイトされたファンク・リズムが好まれるようになるのは言うまでもないところだ。

「20－75」のヒットが出て、何とその9カ月前に出されていた「パーコレイティン」（原盤はHi 2066）にも火がついた。65年1月にポップ・チャートのホット100に入り、85位まで上がったのだ。（R&Bチャートでは記録がない）同じパターンの曲なので売りやすかったのだろう。だがそのことからもわかるように、アル・ジャクソンがウィリーのバンドに戻ったのはほんの束の間だった。もはや彼をレギュラー・メンバーとして留めておくことはウィリーにはできなかった。このウィリーとアルとの関係は不思議なもので、けんか別れをしたのでもない。ウィリーの要請に従ってたとえばアル・グリーンのためにもハイでレコーディングしているほどだ。だがそれは例外中の例外で、アルがハイのロイヤル・スタジオに赴くことは63年以降めっきり減っていたと言っていい。それがウィリーを窮地に陥れた。「ウィリーはこう言っていた。アル・ジャクソンが去った後に五人のドラマーが通り過ぎて行ったよ、と」（＊4）こう語っているのは何を隠そうハワード・グライムスである。恐らく十数年の間での話である。まず挙げられるのがジェリー・アーノルド、サミー・クリーソン、ジーン・クリスマン、そしてハワード・グライムスだ。だが五人目とは一体誰なのだろうか。これが極めて重要な問いになるので、その人物を今はXとだけしておこう。この中で十年ほど続いたのはハワード・グライムスのみ。彼がアル・ジャクソンと並んでいかに重要なドラマーであったか、この事実だけからも明らかだろう。

アルとルイ・スタインバーグの抜けた穴をしばらくビル・ブラックス・コンボから借りるなどしていたウィリーは本格的なバンド作りを始めた。それがベースのマイク・リーチとドラムスのサミー・クリーソンだった。共に若い白人ミュージシャンだったが、別に同じグループで活動していたわけではない。サミーは既に十代の頃から本格的な活動を始め、メンフィスでスパイダーズ（Spyders）というグループに加わっていた。彼らはその後タランチュラスと改名して、61年にはヒット曲も放っている。よくあるロックンロール・バンドだった。ちなみにスパイダー

ベーシスト、マイク・リーチ。

ドラマー、サミー・クリーソン。

もタランチュラも蜘蛛を意味する。63年にビル・ブラックが病気になると、彼らがビル・ブラックス・コンボを引き継いだと言われる（＊5）。そんな関係からウィリー・ミッチェルとも知り合い、バンド入りが決まったのだろう。一方マイク・リーチもバンド経験を踏み、ミッチェル・バンド入りが決まった。マイク・レッドビターは60年代中期のメンバーとして、ウィリーから聞いた次のメンバーを挙げている。

Bobby Emmons(organ), JoeHall(piano), ReggieYoung(guitar), Michael Leech(bass), Sam Creason(drums)（＊6）

これが公式のディスコグラフィーの基準となっているが、具体的にどの作品がこのメンバーによるものなのだろうか。改めてウィリーのハイでの歩みを辿ってみよう。

試行錯誤

ウィリーがハイに入った時、既に見たように黒人シンガーはドン・ハインズしかいなかった。その前に彼が関わっていたホーム・オブ・ザ・ブルースとは大違いである。まだそのスタッフとしての地位は確立していなかったものの、それには心を痛めたに違いない。彼はずっとバンドのフィーチャリング・グループとなっていたフォー・キングスをハイと契約するところから始めている。62年9月に彼らの〝Farmer John/Round And Round〟(MOC 651)を発売したのがウィリーの初仕事だった。だがこれは旧メンバー、つまりはアル・ジャクソン、ルイ・スタインバーグを入れてのものであり、そのはちきれんばかりのビートには力がこもっている。こういう作品を聞いていると、ウィリー・バンドの全盛期はアルがいた頃のものと思えてしまう。ではその「ファーマー・ジョン」でギターを弾いているのは一体誰なのか。むろんサミー・ローホーンはシカゴに去った後なので、彼ではない。むろんレジー・ヤング加入以前であり、彼でもない。となると、ウィリー・コブスのセカンド・ギタリストを担っていたトロイである可能性が高く、その迫力あるバックに加勢されて、切れ味がよくなっているほどだ。だがその彼らも64年1月に2枚目のシングルを出した時には一気に減速した。そのシングル〝I Want To Be There〟(MOC 655)には三人のライター名がクレジットされている。すなわち〝Arnold-Emmons-Young〟である。いずれもビル・ブラックス・コンボのメンバーであり、それがドラムスのジェリー・アーノルド、キーボードのボビー・エモンズ、ギターのレジー・ヤングであることは明らかだ。ベースは既にリロイ・ホッジスをスカウトしていたか、マイク・リーチであったのか。というのも、アル・グリーンの伝記『ソウル・サヴァイヴァー』にはウィリー・ミッチェルがリロイにスタジオに遊びに来るように誘った時の模様が次のように書かれているからである。

「次に彼はロイヤル(スタジオ)に来てセッションをするように誘った。そこにいたのがアル・

ジャクソン、ジョー・ホール、レジー・ヤングだった。リロイはあがってしまうほどの経験は持ち合わせていなかった。彼の父親が彼のために買ってくれたギブソンのベースを用意した。ところがウィリーもレイ・ハリスもそのトーンが気に入らない。ウィリーは彼のバンドに古くからいたベース奏者のロイ・ストロングを呼び、ベースのフェンダーをリロイに貸してあげた」

リロイはこう話す。

「ウィリーはわたしの目の前でコード・チャートを見せてくれた。まるで見たことがないものだった。彼が〝これで行こう。自分で拍子をとってみろ〟というので、演奏してみせたんだ」（＊7）

彼が最初に参加したのは63年の「サンライズ・サンセット」だったという。だがこれにはいささか記憶の混濁があるようだ。まず「サンライズ・サンセット」は62年の作品であり、アル・ジャクソンは明らかにドラマーではない。いくら高校生プレイヤーだったとはいえ、彼がこんな古くから参加していたとは思えない。もしアルがそこにいたというのなら64年の「20－75」以外には考えられない。恐らくこのあたりからリロイはセッションによってウィリー・ミッチェルから呼び出されたのだろう。だがこの当時のレギュラー・メンバーはジェリー・アーノルドやレジー・ヤングであり、そこにベーシストとしてマイク・リーチかリロイ・ホッジスが加わった。

残念ながらフォー・キングスの「アイ・ウォント・トゥ・ビー・ゼア」にはアル・ジャクソンがいた時の「ファーマー・ジョン」のような輝きは全く感じられない。改めてアルの天才性を感じるところだ。それはウィリー自身がいやというほど感じていただろう。だがいない以上そのメンバーでやるしかなかった。ウィリーはフォー・キングス、ドン・ハインズの他にも黒人アーティストを迎え、62年から64年にかけて続けてデビューさせている。ケニー・ケイン(デヴィッド・ポーターの変名)、ノーム・ウェストらである。だがこのバンド・メンバーでは理想の音が作れないことは目に見えていた。悪くはないがポップな作品が続いた。バンドの立て直しの必要性を痛感したウィリーはジェリー・アーノルドの代わりにサミー・クリーソンを雇い入れ、ベースはマイク・リーチに固定、ピアノはジョー・ホール、オルガンはボビー・エモンズ、ギターはレジー・ヤングを続行させている。これが先にマイク・レッドビターが挙げていたメンバーということになる。

具体的にこのメンバーが固定したのはいつのことなのだろうか。64年末ウィリーはフォー・キングスにいたドン・ブライアントをスタックスのオーティス・レディングのようなスターにすべくソロ・デビューさせた。それがクリス・ケナーのカヴァー「アイ・ライク・イット・ライク・ザット」だった。期待のシンガーのバックにそれまでのメンバーはあまりに見劣りするとウィリーには思えただろう。そこで上記のメンバーで立て直しを図ったと考えられる。ただしこのドラマーがサミー・クリーソンであるかどうかはまだ保留としておこう。彼はそれから1年余り、そのメンバーでヴェニース・スタークスやモーリス・バウアーズのレコーディングにも臨んでいる。だが66年に入るともはやそれも満足いくものには思えなかった。彼はホッジス兄弟を軸に全員黒人によるサウンドを追及するようになる。少なくともハイにおいては黒人と白人が一緒にスタジオに入る時代は終わりを告げた。

(＊1)『The Stax Story』（Ace 4SCD-4429-2／Pヴァイン PCD-4480~3）ライナー参照

(＊2)『Otis Redding/Pain In My Heart』（Atco 33-161）より。ただし皮肉にもこの「ヘイ・ヘイ・ベイビー」のギターはスティーヴ・クロッパーによるものではなく、オーティスと行動を共にしていたジョニー・ジェンキンスであることが後に明らかになる。

(＊3)『Hit Parader』第42号（67年12月）、「The Stax Story」Part 4〝Al Jackson〟P57

(＊4) Howard Grimes 前掲書、P63

(＊5) スパイダーズはその後ジョニー・コールマンが中心となって68年頃ミシシッピ州チュペロにあったスティチュウから〝This Ring/No One Knows〟(Statue 22) を発表している。明らかにブルー・アイド・ソウルを目指したものだが、ゴールドワックスに通じるところもあり、悪くない。なおその後メンバーの何人かはベイ・エリアに行ってタワー・オブ・パワーに加入したと言われる。

(＊6)『Blues Unlimited』No.107（前掲書）

(＊7) Jimmy McDonough『Soul Survivor, A Biography of Al Green』(DA CAPO PRESS) p.69

第4章
タイムキーパー

ドラマーの宝庫

ハワード・グライムスが20年になって自己の業績を振り返った著書を著したことは前章でも触れた。そのタイトルがタイムキーパー。そもそもは競技会で正確な時間を計る人に使われるが、翻って何事も計ったように出来る人にも使うようだ。言うまでもなくそれはハワード・グライムスの精緻なリズム感覚を指している。タイムキーパーといえば、スティーヴ・クロッパーがアル・ジャクソンのそのドラミングの正確さに舌を巻いていたことを思い出す。恐らく優れたドラマーというのはその感覚も研ぎ澄まされていたのだろう。まず思い浮かぶのは主に50年代にニューオーリンズで偉大な足跡を残したアール・パーマーというドラマーだが、60年代にモータウンで活躍したベニー・ベンジャミンも無比な創造者だった。だが不思議なことにメンフィスには有名なドラマーが固

2020年に発刊されたハワード・グライムスの"Timekeeper"。その後彼は22年2月12日に亡くなった。

まって出現しているのだ。アル・ジャクソン、ハワード・グライムス、ジーン・クリスマンらである。ところがタイムキーパーはそれだけではなかった。前章では主にウィリー・ミッチェルにスポットを当て、そのドラマーの変遷に触れたが、ウィリーがアル・ジャクソン以後に5人のドラマーを使ったというようにメンフィスはドラマーの宝庫でもあった。しかしながら多くの人は先に挙げた三人で満足してしまい、それ以上追及することがない。そのひとつピーター・グラルニックの『スウィート・ソウル・ミュージック』を読んでみよう。

ご存知のようにその本には第9章に「ジ・アザー・サイド・オヴ・メンフィス」という興味深い章を設けている。だがそこでO・V・ライトやジェイムス・カーにまで深く言及しながら、メンフィスの偉大なギタリスト、クラレンス・ネルソンにすら行きつかない有様なのである。ましてやドラマーときたら先に挙げた三人しか登場しないと言ってもいい。彼がたくさんの人にインタビューしていることはその謝辞からも窺い知れるが、最初から決め付けて人選を絞っているようで、あたかもアメリカン・スタジオのミュージシャンかハイのミュージシャンがそのすべてであるような偏った記述になってしまっている。その章を設けるならジーン〝ボウレッグス〟ミラーとはいかなくとも、せめてハワード・グライムスくらいはインタビューしておくべきだったろう。ちなみにわたしは彼が二度来日した際に二度インタビューしている。今回『タイムキーパー』が出版されたことによって、はっきりしたことは多くあるし、わたし自身間違いを訂正させられたところもある。彼の記述がすべてとは言わないが、それまで蓄積してきたものに大きなふくらみができたことは確かである。

キー・パーソン

前章ではほとんどウィリー・ミッチェル・バンドのことに集中してきたので、他のバンドはどうなったのかと気になっている方もおられよう。つまり最初に掲げたふたつのバンド、ベン・ブランチとジーン・ミラーのバンドである。その両バンド、いやミッチェル・バンドも含めてキー・パーソンのひとりとも言うべき人物が何を隠そうハワード・グライムスなのである。なぜなら彼はその三バンドを渡り歩いているからだ。ハワードの本にもそのふたつのバンドのことは詳しく語られている。我々にとってはハワードとはウィリー・バンドの看板ドラマーであるという思い込みがあるが、実は彼がそのバンドに初めて加入したのは67年のことであり、その前にはブランチやミラーのバンドを経験していた。ここで時計のねじを一気に58年に戻してみよう。

ハワードは41年8月にメンフィスで生まれているから、当時はまだハイ・スクールに在学中だった。その頃のことを彼は次のように書いている。

「ハイ・スクールで高学年だった頃、ベン・ブランチがカリーズ・クラブ・トロピカーナのハウス・

バンドを引き受けていた。ベン・ブランチ&ザ・ラーゴスだ。彼らがわたしをドラマーに起用してくれたんだ。ホーム・クラブで仕事できるなんてこれ以上の幸せはなかったな。そこからわたしは最初のインスピレーションを与えられた。この場所がわたしを育ててくれたんだ。この男がわたしを訓練してくれた」(*1)

既に第1章で詳しく触れたように彼らはスターメイカーからデビューし、その後ドットからもLPを出すほどの活躍をしていた。だがそのすべてに彼が参加していたわけではない。彼はフリーランスのドラマーとして様々のレコーディングに参加していた。彼は知り合いだったフロイド・ニューマンに連れられて始動したばかりのサテライトのスタジオを訪れた。そこでエンジニアを担当していたチップス・モーマンを紹介される。ちょうどルーファス・トーマスのレコーディングが行なわれようとしていたところだった。彼は初めて見る録音風景に興奮する。ベースはウィルバー・スタインバーグが弾いていた。だがアレンジがうまく決まらない。ウィルバーとはカリーズでジェシ・ヒルの「オー・プー・パー・ドゥ」を演奏していたので、このスタイルでどうかと提案すると、見事に決まったという。これが「コーズ・アイ・ラヴ・ユー」というもので、サテライトから60年8月にリリース、その後アトコからも発売されている。あくまでルーファス主導で曲は進むが、そのシングルがカーラ&ルーファスとなっていたのはあくまで娘のことを慮る親の心情というところだろうか。ハワードは続くレコード「アイ・ドント・ビリーヴ」でもたたいたが、そのブルース・ギターを披露したのは古くからやっていたカルヴィン・ニューバーンであったかもしれないし、それを仕切っていたチップス・モーマンかもしれない。ルーファスはその頃自分のバンド、ベア・キャッツを持っていたので、ハワードをしきりにそのバンドに誘った。いくつかのギグに同行したが、レギャラー・メンバーではなかったらしい。というのもカリーズでは相変わらずベン・ブランチとの仕事が待っていたからだ。

60年もうひとつの大きな仕事が舞い込んだ。今度はカーラの方を売るためソロでのレコーディングがなされたのだ。ご存知「ジー・ウィズ」の誕生である。だがその成り立ちにはジム・スチュアートとハワードとでは証言が食い違っている。ハワードはあくまでハイのロイヤル・スタジオで録ったことしか記述していないが、ジムはその出来が気に食わず、スタックスのスタジオで録り直したというのだ。その経緯は『スタックス・レコード物語』に詳しいので、やはりそれが真実なのだろう。たとえばジムは最初ロイヤルでレコーディングした時にはストリングスはついていなかった

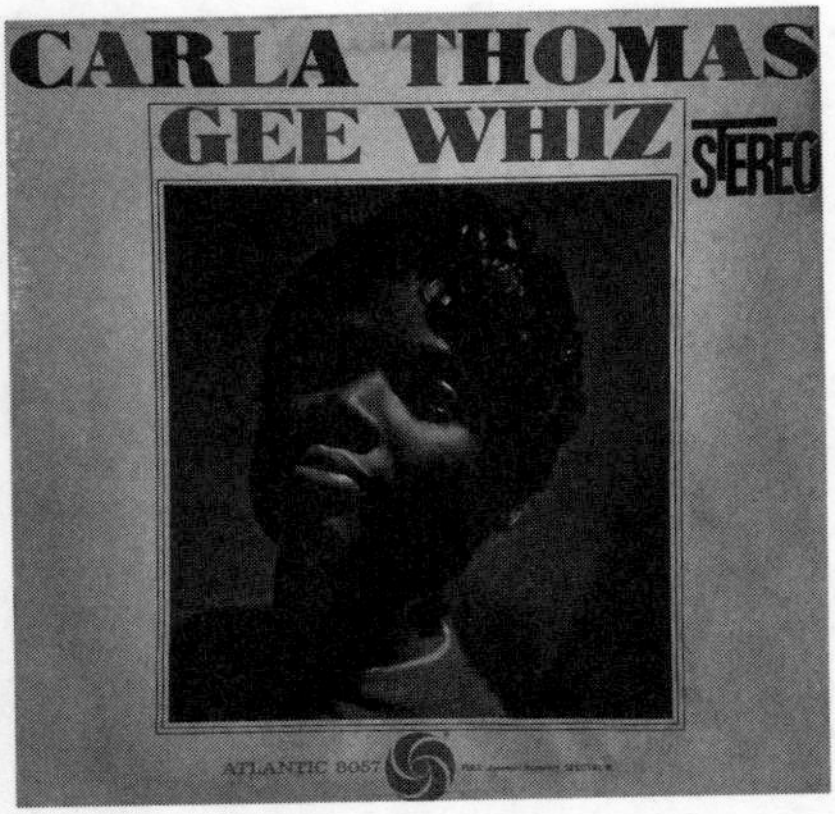

カーラ・トーマスのLP『Gee Witz』。

と記憶していた。恐らくその記憶は間違っていない。というのもその時一緒に録音されたB面曲「フォー・ユー」にはストリングスが入っていないばかりか、ホーンまで入っているからだ。当時こうしたものは同じスタジオで同時に録音する習わしだった。つまり「ジー・ウィズ」は確かに録音し直されたのである。だが、その録音にハワードが参加したことに違いはない。やや蛇足になるが、その数ヶ月後アルバム用の録音がなされた時には彼女はナッシュヴィルの大学に通うため引っ越していた。そのため録音もナッシュヴィルで行なわれたのだが、多くの曲でナッシュヴィル随一のドラマー、フリーマン・ブラウンがたたいていたように思えてならない。彼こそハワードにも匹敵した裁量の持ち主だった。

「サマータイム」をヒントに

61年に入ると、スタックスではさらに大きな動きがあった。ご存知「ラスト・ナイト」の誕生である。実はそれとほぼ同じ時期に作られたレコードというのがある。プリンス・コンレーの"I'm Going Home / All The Way"(Satellite 108)というものだ。彼はメンフィスでは名の通ったブルース・シンガーで、クラブ・ハンディでサンビーム・ミッチェルのバンドで歌っていたという。足に障害のある彼は杖で体を支え、ガウチョ(南米のインディアン姿)をまとってプレイしていた。あえてここでレコード番号を記載したのは、この「アイム・ゴーイング・ホーム」が近年急に人気を集めているからである。この曲でもハワードがドラマーだったが、何とスティーヴ・クロッパーが初めてスタックスでギターを弾いた曲というのだ。恐らく彼はサム・クックの「サマータイム」にヒントを得てそのギター・フレーズを組み立てたに違いない。そのラテン・リズムが彼のヴォーカルに新しい時代のブルース感覚をもたらしていた。

Prince Conley"I'm Going Home" のオリジナル盤。デッド・ワックスに単に PEP 1016 の手書きがあるのがオリジナル盤である。

ちょっと横道にそれるが、そのシングル・プレスについて触れておきたい。実はこの曲は80年代と2010年代の二度再発されている。いわゆるリプロと言われるものではっきり言えばブートレッグだ。わたしは何度かそのレコードを見ているが、日本国内でオリジナル盤にお目にかかったことがない。ところがしばしば80年代のブートがオリジナルのようにして高く売られているのだ。憂慮すべき状況と言わねばなるまい。

なおプリンス・コンリーは一時ニューオーリンズに移ってレコードを作ったが、70年代に入ってもなおメンフィスで活動を続けていた。サニー・アンダーソンとレコードを作っているし、ピアニストのビッグ・サム・クラークのバックではしばしばベース・ギターを弾いていた。

ビール・ストリート・トゥデイ

ハワードの話に戻そう。次に彼がスタックスを訪れるのは61年の秋、それはウィリアム・ベルのデビュー曲「ユー・ドント・ミス・ユア・ウォーター」を録音するためだった。だが彼は相変わらずベン・ブランチとのギグを続けており、その前に彼とのレコーディングも経験していた。既に触れたように61年にブランチはドットと契約し、ローレス・トンプソン&ザ・ラーゴスをフィーチャーしていた。そのバンドにはキーボードのアイザック・ヘイズとギターのクラレンス・ネルソンがいたが、何とドラマーはハワード・グライムスだったというのだ。彼は63年に録音されリリースされたアルバム『ビール・ストリート・トゥデイ』についてこう語っている。

「そのセッションはまるでプロの仕事とは思えないような代物だった。まずベース・プレイヤーがいなかった。クラレンス・ネルソンも不在だった。それでいるメンバーだけでやらなきゃならなかったんだ。わたしのクラスメートのウィリアム・アレンがオルガンを弾いて、教会で聞けるようなベース・ラインを演奏した。ハーヴィ・シモンズがテナー、カルヴィン・グライムスがトランペット、それにピー・ウィ、ジョージ、ウィリー、ルーズヴェルト、ローレス(ヴォーカル

陣)、それですべてだ」(＊2)

このアルバム・ジャケットには幸いその時のメンバーの写真が載っている。その数9人。確かにハワード・グライムスとベン・ブランチの顔も確認できる。だがそのセッションではいないはずのクラレンス・ネルソンも一番前に写っているのだ。写真はその時の録音メンバーとは全く別に撮影されたということだろう。不思議なのは第1章で紹介したベン・ブランチのバンド・メンバーとも大きく食い違っている点だ。共通する名前がベン以外ひとりもいない。ロブ・ボウマンはそのデータをどこから手に入れたのだろうか。

ベン・ブランチはその後メンフィスを離れ、シカゴへと向かっていた。少なくとも65年にはシ

Largosの写真。一番手前で手を広げているのがクラレンス・ネルソン、左端でスティックを持っているのがハワード・グライムス。薄手のジャケットを羽織った3人のヴォーカル陣のバックにミュージシャンが控える。その右端がベン・ブランチである。

カゴにおり、ダウンホーマーズというバンドを結成している。バージェス・ガードナーとの出会いがそれを後押しした。恐らく彼は63年のワシントン大行進、その翌年の公民権法の成立を目の当たりにしていても立ってもいられなくなったのだろう。68年には尊敬するキング牧師との邂逅を果たしたが、その直後に暗殺され、その追悼アルバムを即座にチェスから発表している。

消えた目

61年夏はスタックスにとっても歴史の変わり目と言える時だった。マーキーズの大ヒット「ラスト・ナイト」の大ヒットが生まれ、事態が動き始めていたからだ。ちょうどウィリー・ミッチェルはホーム・オブ・ザ・ブルースとの1年契約を終え、アル・ジャクソンとルイ・スタインバーグは自由に動けるようになっていたことは前章で詳しく触れた。そこで早速スタックスのチップス・モーマンが動き出した。彼はスタックスにもスタジオ・ミュージシャンが必要だと考え、それをトライアンフスと名付けた。彼の愛車にちなんでつけられた名前だった。自身でギターを弾き、手の空いていたベースのルイ・スタインバーグを呼び寄せた。ピアノはルーファスの息子、マーヴェル・トーマスに託した。問題はドラマーである。アル・ジャクソンはホーム・オブ・ザ・ブルースのハウス・ドラマーから解放されたとはいえ、引く手あまたでサンのアーティストのバックを付けていたからそれほど余裕はなかったろう。むろんウィリー・バンドにも相変わらず在籍していた。そこでルーファス&カーラ・トーマスの時にたたいていたハワード・グライムスに白羽の矢が当たったのである。

そのレコード〝Burnt Biscuits/Raw Dough〟(Volt 100)が新設されたヴォルトの第一弾になったことからもその期待の大きさがわかる。ホーン・セクションは恐らくマーキーズから借りたのだろう。「ラスト・ナイト」で演奏していた連中とほぼ同じだったかもしれない。A面にはあまりうまくないブルース・ハープがフィーチャーされているが、これはホーン・セクションの誰かがプレイしたものだろう。両面とも出来は悪くなかった。だがほとんど評判は呼ばなかった。もしこれが大ヒットしていたら、彼らこそがブッカー・T&ザ・MGズに代わってスタックスのハウス・バンドになっていたかもしれない。だがその同じ月ウィリアム・ベルのデビュー曲では彼らが演奏した。「ユー・ドント・ミス・ユア・ウォーター」である。ベルの代表作ともなったこの曲とトライアンフスの「バーント・ビスケッツ」に入るはずのチップス・モーマンのギターが入っていない。彼はエンジニアに専念し、ギターが弾けなかったのである。そこでその2曲にはオルガンのオーヴァー・ダビングをすることになった。ブッカー・Tはまだスタックスではオルガン奏者として活動していなかったので、その役は〝スプーキー〟バトラーことジェシー・バトラーが担った。ベルのその曲の再録(デビュー・アルバムに入っている)におけるブッカー・T

のプレイと聞き比べてみれば、その違いは明らかになるだろう。このジェシー・バトラーも後に重要な役割を果たすことになるので記憶しておいてほしい。

だがモーマンはしばらくしてスタックスを追われることになる。トライアンフスをスタックスのハウス・バンドにするという彼の夢は半ばで挫折した。62年の夏にはブッカー・T＆ザ・MGズの「グリーン・オニオンズ」の大ヒットが生まれ、彼らこそがハウス・バンドに収まったからだ。モーマンは63年にもう一度トライアンフスに懸け、カブ（Kab）から「ビッグ・ドッグ」を発表することになるが、それも結局はMGズの後追いでしかなかった。

アルがスタックスのハウス・ドラマーとなり、ハワード・グライムスの目は消えたが、別に両者が敵対関係にあったというわけではない。これも時の運としか言いようがないだろう。ハワード・グライムスはベン・ブランチがメンフィスを去ると、今度はジーン・ミラーのバンドとのギグが増えた。だがハワードの前任者はほかならぬアル・ジャクソンだったのだ。61年に作られたボウレッグスの「ワン・モア・タイム」では確かにアル・ジャクソンがたたいていた。その時期のアルはまだウィリー・バンド・ドラマーであったものの、フリーランスとしてサン・スタジオなどで様々なレコーディングを積極的にこなしていた時期だった。ではハワード・グライムスはいつからミラー・バンドの一員となったのだろうか。63年に作られたベン・ブランチ＆ザ・ラーゴスのアルバムに彼が参加していたとなると、ジーン・ミラーと定期的にプレイし始めたのは

63年末から64年初頭と考えた方がいいだろう。だがボウレッグスは63年にも〝Bowleg Twist/Hunky Twist〟(Zab 104)をリリースしていた(＊3)。このレコードがザ・ラーゴスのアルバムの前に録音されたのか、後に録音されたのかは定かではない。ただ言えることは、恐らくこの時にはハワード・グライムスがジーン・ミラーと一緒にやっているということである。ハワードがスタックスのアーティストのバックを付けた時とはがらりと変わり、まさにアル・ジャクソンのスタイルを継承していた。「ハンキー・トゥイスト」ではアルお得意のシンコペイトされたクロールのパターンでたたみかけ、おまけにファイヴ・ロイヤルズから独立したばかりのローマン・ポーリングを起用している。そのダイナミックなプレイはスティーヴ・クロッパーもびっくりというところだろう。だが「ボウレッグ・トゥイスト」の方にはギターは入っておらず、ハワードはひたすらシャッフルに専念した。ハイ時代を彷彿させるドラミングであり、その原点はこうした曲にあると感じさせられる。

Bowlegsの“Bowleg Twist”。この頃ハワード・グライムスはジーン・ミラー・バンドのレギュラー・メンバーとなった。

フロッグそしてトロイ

63年末か64年、ボウレッグスはようやくボウ・レッグス・ミラーを名乗り3枚目のレコードを出す。この時彼のバンド・メンバーのひとりが露わになった。ヴォーカリストとして記載されているクリーヴ・フロッグ・シアーズ(Cleave Frog Shears)である。彼はフロッグのあだ名を持つベーシストでもあった。わたしはこの名前を何人かのメンフィスのアーティストから聞き出している。ミラーがノヴェルティな声なのに対して、フロッグは力強いテナーだった。後にジーン・ミラー名義で出されたシングルで歌っていたのはほとんどこのフロッグだと考えていい。このシングル〝Come On/Groving Time〟(Christy 102)のA面の最後にしか登場しないが、その歌は玄人はだしである。ではこの2曲でソロを取るギタリストは一体誰なのか。ここで再びメンフィスにおける黒人ギタリスト払底の問題が浮上する。ウィリー・ミッチェルを常に悩ませてきた問題でもあった。つまりメンフィスには優秀な白人ギタリストは豊富にいるのに黒人ギタリストがいないという問題である。当初彼はバンドにギタリストを置かないという施策でそれを乗り切った。よう

Bow-Legs Miller の“Come On”。

やくサミー・ローホーンというギタリストに出会ったが、彼もほどなくしてシカゴに行ってしまう。45年生まれのティーニー・ホッジスがその後登場するが、60年代初期にはまだ若すぎた。そこでレジー・ヤングなど白人ギタリストを起用したわけだ。この同じ問題がジーン・ミラーのバンドでも起きたと考えられる。当初彼はギタリストを置かず、ローマン・ポーリングを急遽使うなどの対応をしていた。

フロイド・ニューマンのバンドにはジョー・ウッズというなかなかの腕前の黒人ギタリストがいた。だがその彼も63年12月にスタックスで「フロッグ・ストンプ」を作ると、その翌年には歌手を目指してデトロイトへと飛び去ってしまう。残るギタリストはかの偉大なクラレンス・ネルソンとトロイくらいだった。ウィリー・コブズのバンドでセカンド・ギタリストを務めていた男である。

トロイはフルネームをトロイ・リー・ブルサードといい、40年にルイジアナ州レイク・プロヴィダンスに生まれた男だった。その後61年にウィリー・コブズのバンドに入り、セカンド・ギタリストを務めた。だがサミー・ローホーンがシカゴに去った後はリード・ギタリストに昇格し、メンフィスで何枚かのコブズのレコードにギタリストとして参加した。「トゥー・バッド」「トゥー・サッド」「ミストリーティッド・ブルース」などいくつかの曲で彼のスタイルがつかめる。正直ローホーンに比べるとスケールは小さく見劣りする。だがそれが北部都市に彼が行かなかった理由でもあるだろう。彼は一時アール・フッカーのバンドに入りながらも、結局67年までメンフィスなどで活動を続けていた。90年代にハーピストのジョン・ウェストンとCDを作った時にはメンフィスと隣り合わせと言ってもいいアーカンソー州ヒューズに住んでいた。

ウィリー・ミッチェルもトロイを起用したが、結局レジー・ヤングをレギュラー・ギタリストに置いた。逆にトロイを引き受けたのがジーン・ミラーだったと考えられる。「カム・オン」「グルーヴィン・タイム」（英語表記に誤りがあるが）には彼らしい特徴が垣間見れる。だがジーン・ミラーのバンドはここでは終わらなかった。ゴールドワックスが彼らを迎い入れる。

トロイ・リー・ブルサードの写真。後方右端。

もうひとりの偉人

ベン・ブランチのバンドがほぼ解体したのに伴い、もうひとりの忘れられぬ偉人が飛び出してきた。アイザック・ヘイズである。彼はブランチのバンドにいた頃から歌手で成功することを強く希求していた。彼がアイドルとするひとりブルック・ベントンの60年前後における活躍ぶりはまさに目を見張るものだった。彼と声質のよく似たジョー・ヘンダーソンも62年に「スナップ・ユア・フィンガーズ」の大ヒットをかっとばしている。彼がバラディアーとして成功しようと考えたのも自然な成り行きだった。既に63年からソロを目指していた彼は64年初頭にはれっきとした大レーベル、ブランズウィックからのデビューを果たしていた。「ローラ」である。この名前は彼が当時付き合っていた女性の名前で、後にふたりは結婚したという。多少は評判になったのか、それは当時日本盤シングルとしても発売され、個人的にはそれを聞いていたものだ。最初はどこが面白いんだと思っていたが、今聞き直してみるとクロールのパターンを使ったリズムにメンフィスらしさが現われており、面白さが感じられる。またそのB面となった「スウィート・テンプテーション」では同じような作りながらたっぷりクラレンス・ネルソンのギターが聞け、その当時の活動が偲ばれるといったところだ。むろんドラマーを担当したのはハワード・グライムスだった。

その後彼に目を留めたのがチップス・モーマン。スタックスを追われた彼はそのひとつとしてヤングスタウンというレーベルを始めていたが、改めて彼をプロデュースし直し、古典たる「Cライダー」を吹込ませた。だが彼はもっと先を見据えていた。ライター／プロデューサーとしての地位をもっと確固としたものにしようというのである。その手始めがニューオーリンズ、フリスコの看板シンガー、ダニー・ホワイトのプロデュースだった。64年6月か7月、彼はデヴィッド・ポーターと組んで曲を作り、メンフィスの有力なミュージシャンを集めて2枚のレコードを作っている。そこには彼がずっと一緒にやってきたアンドリュ・ラヴ、ジーン・ミラー、フロイド・ニューマンといったホーン陣に加え、ハワード・グライムス、クリーヴ・シアーズなどが顔を揃えた。だがベン・ブランチのバンドで一緒にやってきたクラレンス・ネルソンは参加せず、若いティーニー・ホッジスがギターを弾いた（＊4）。

こうした活動を経て冒頭で触れたO・V・ライトの「ザッツ・ハウ・ストロング・マイ・ラヴ・イズ」に行き着くわけだ。

クラレンス・ネルソン

そのクラレンスもブランチのバンドの後自身のバンド作りを志向していた。クラレンスから直接話を聞いたメンフィスのブルース・リサーチャー、デヴィッド・エヴァンズはその訃報記事で次のようなバイオを伝えている。つまり彼は34年にテネシー州ギャロウェイに生まれ、8歳の頃から家の脇に供えられたほうきを楽器のようにして遊ぶ子供だった。本物のギターを手にしたの

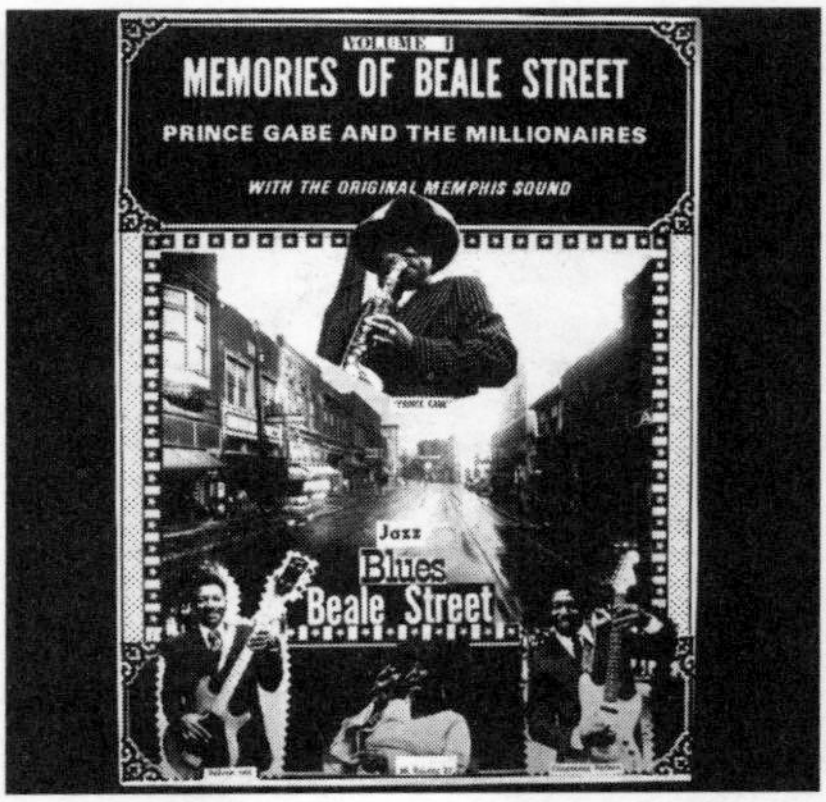

Clarence Nelson（ギター）とMelvin Lee（ベース）。

は51年のことだ。本格的にバンドに加わったのがブランチのバンドで、およそ8年間在籍したというから、55年から63年までということになる。その63年彼は3人から成るバンド、マスタングスを結成する（＊5）。エヴァンズはベースがメルヴィン・リー、ドラムスがエルマー・ジャクソンだったと書いているが、何か勘違いがあるようだ。というのもメルヴィンはワシントンDCのTNTトリブルのバンドに55年頃から在籍し、ずっとギターを弾いていたからだ。歳はクラレンスとひとつ違い、35年の生まれだった。60年代にはフィル・フラワーズと行動を共にし、そのジャケット写真も残されている。メンフィスに移ったのはずっと後のことで、70年代中期プリンス・ゲイブ&ザ・ミリオネアーズにクラレンスと共に在籍した。その頃出されたLPにクラレンスと共に写真に写っているが、ワシントンDCの人物と同一であり、その時はベースを担当していた。

もうひとりのエルマー・ジャクソンもホーマー・ジャクソンの名前でメルヴィン・リーらとビッグ・サム・クラークのレコーディングに参加している。だがそれもずっと後のことであり、ここで問題としている60年代のことではない。再びクイントン・クランチが送ってくれたディスコグラフィーを眺めてみると、ひとつのヒントが浮かび上がってくる。ゴールドワックス初期のベースはO・V・ライトのバックを担当したボビー・スチュアートというアーティストだった。だが、彼はメンフィスでビル・ブラックス・コンボを真似たボビー・スチュアート・コンボを率いていた白人であり、何となくクラレンスのバンドにはそぐわないのだ。もし本当にゴールドワックス・セッションに参加したというのなら、それはあくまでクランチが引っ張ってきたものだろう。63年ゴールドワックスの設立と共に、クラレンスはそこに深く関わっていくことになる。

ベン・ブランチのバンドの解体で放り出された三人があるひとつのところに向かおうとしていた。その名もゴールドワックス、輝かしい未来はここから開かれる。

（＊1）Howard Grimes 前掲書、P32
（＊2）Howard Grimes 前掲書、P43
（＊3）これはヴィー・ジェイからリリースされなかったが、ヴィー・ジェイのカタログに載っている。マトリックスは付け替えられ、それぞれ63-3082、63-3083となっている。その番号から考えて、63年初めの録音と考えられる。
（＊4）『The Frisco Records Story』（Ace CDCHD 679）のライナー参照。
（＊5）Living Blues No.74（1987年）P35

第5章 ゴールドワックス

ファン憧れのレーベル

ゴールドワックスは今や世界中のソウル・ファンが憧れるレーベルのひとつとなった。かつて日本でだけリイシューを進めていた頃、「きっと欧米のファンがこのレーベルに注目する時代が来る」と予言したことがあったが、その到来を嬉しく思うと共に、誇りにも感じる次第だ。現在はイギリスのエースがそのすべての権利を買い取り、われわれは勝手に出せない状況が続いているが、重要な作品はほぼリリースされてきたと言ってもいい。ところが残念なことに、われわれが長い間かけて築き上げてきたことが生かされていないもどかしさを感じることも事実だ。はっきり言えば間違いが多いのである。

そのゴールドワックスの創設者のひとり、クイントン・クランチが2021年遂にその生涯を閉じた。生まれたのが1921年の12月なので、あと少しで大台という信じられない生命力を持つ人物だった。しかも彼は少し前まではまだ現場で仕事をするような人間だったのだ。その生涯のキャリアを振り返ってみると、ほとんどが音楽に埋め尽くされていたことに気が付く。ゴールドワックスが表立って

クイントン・クランチの初期の仕事のひとつ。OJのボビー・チャンドラー。

活動していたのは10年に満たないかもしれないが、何らかの音楽活動をしていた。50年代には地元のミーティア、サン、ＯＪなどのために相棒のビル・カントレルと共にライターとして活動、さらにチャーリー・フェザーズ、マギー・スー・ウィンバリーらのセッションではギターも弾いている。そのほとんどはカントリーだが、黒人音楽の影響を感じさせるものもあった。たとえば彼はボビー・チャンドラーのために「ミー・アンド・マイ・イマジネーション」という曲を作っているが、ボビーの曲には当時のドゥー・ワップ・グループの影響が感じられる。言うまでもなく、この曲は後にクランチがオヴェイションズに歌わせたものだ。60年に彼はフェアレインズというロックンロール・バンドにも関わっている。それは彼の故郷であったマスル・ショールズのグループで、何とリック・ホールが在籍していた。

　クランチはハイの創設にも関わったとされるが、実際にそのレーベルの要職に就いたことはない。だがビンゴは彼の最初のレーベルとしてしばしば記述されてきた。エース

二種のビンゴ。上（赤色）がウェスト・コースト、下がメンフィスのレーベル。

で出されたCDのライナーにもそうある。ところが、ビンゴはそもそも50年代からハリウッドにあった会社で、しかもティー・バーズはハリウッドとメンフィスの両方のレーベルから同じレコードを出していた。つまり「セントルイス・ブルース」である。これを聞く限り、ビル・ブラックス・コンボを彷彿させ、彼らがメンフィスのバンドであったことは疑いようがない。だがそのレコードにはクランチは関わっていなかった。クランチはそのレーベルを借りてビンゴに関わっただけではなかったのか。クランチは続いてビール・ストリートをレーベルとして立て、後に片腕ともなる奇妙なシンガーを62年にデビューさせた。オーボーことO・B・マクリントンである。彼はソウル・シンガーとは言えないどころか、R&Bシンガーとしての素質すら欠けていたが、不思議なことに曲づくりの才には長け、クランチは信頼していた。最初の1枚〝Mother-In-Law Trouble/Tradin' Stamps〟(Beale Street 1001)(*1)が彼の作品であったこともそれを物語る。続いてゴールドワックスがルドルフ・ラッセルと共に設立されると、早速シンガーとしても迎えられた。後にジェイムス・カーによって見事に蘇る「シーズ・ベター・ザン・ユー」も彼によって先に録音され、この時はスティーヴ・クロッパーがギターを弾

クイントン・クランチが初めて作ったレーベル、Beale Street。Oboe のみが知られる。

いた。第4章で書いたように、クロッパーはサン・スタジオで行なわれたジェブ・スチュアートのレコーディングで初めてアル・ジャクソンらとあいまみえた。その後もジェブとは再度スタジオを共にし、それはクランチのビンゴから発売されていた。つまり両者の関係は浅くなかったのである。

リリックスとの出会い

だがゴールドワックスの本当の始まりはクランチのリリックスとの出会いにあった。パーシー・マイレムをリーダーとするそのグループはクランチにおぼろげながらも未来のメンフィス・ソウル像を予感させたはずである。何よりも重要な点はこの時ゴールドワックス・サウンドの基礎とも言えるスタイルが築かれたことだった。63年彼はベン・ブランチのバンドから解放されたクラレンス・ネルソンを初めて起用し、「ダーリング」他の録音に臨んだ。ヴォーカルも含めその粗削りなスタイルはかえってスタックスにはないプラスアルファを秘めていた。直にアイザック・ヘイズにも声をかけ、O・V・ライトのセッションでこの二人が揃ったことは最初に触れた。ではドラマーは誰だったのか。クランチは以前「ダーリング」のドラマーがハワード・グライムスであることを知らせてきた。だが、この時期ジーン・ミラーのバンドでやっていたグライムスが参加したとは考えにくいのだ。ミラーがゴールドワックスに関係し始めるのは64年に入ってからのことであるし、第一グライムスの本にもゴールドワックスのことはほとんど触れられていないのだ。

もう一度最初に触れたO・V・ライトの曲について思い出してほしいが、そこではドラムスの欄が空白となっていた。これこそウィリー・ミッチェルのバンド・ドラマーを経験したXではなかったか。そのXは一体誰のことなのか。その探求にわたしは40年以上の時を費やしたが、それについてはもう少し後で改めて述べよう。

新たなアーティスト

64年にはジェイムス・カーとオヴェイションズがゴールドワックスの新たなメンバーに加わったが、大事なところなので少し詳しく見ておこう。その入った経緯も別ならば、バック・バンドも全く別だった。ジェイムスのデビュー曲「ユー・ドント・ウォント・ミー」の作者は「ザッツ・ハウ・ストロング・マイ・ラヴ・イズ」を書いたルーズヴェルト・ジャミスンであったにもかかわらず、その面影が微塵も感じられないブルース・ナンバーであったことはよく知られている。曲を書いたジャミスンもプロデュースしたクランチも両者の持ち味が大きく違うことは百も承知で、別の売り方を考えていたのだろう。あるいはジェイムスにはリトル・ジョニー・テイラーの成功を重ね合わせていたのかもしれない。だからこそミュージシャンも全く変えたのだろう。そのメンバーをクランチにかつて尋ねたところ、彼は次のようなパーソネルを知らせてきた。

Obie Adkins(b), Obie Adkins(gtr), Frank Cannon(key), Barry Herbert(dm)

ご覧の通り、最初に挙げたO・V・ライトのセッションとひとりもかぶっていないことが確認できるだろう。これはふたりが全く別々の機会にレコーディングされたことを物語っている。それにしてもこのメンバーは少しおかしくはないか。第一ベースとギターが同一人物というのが変である。わたしはそのギタリストはビリー・アダムスのバンドにいたリー・アドキンスではないかと推測した。ビリーはミシシッピ出身の白人シンガーでサンにレコーディングしている。ブ

上からオヴェイションズ、ジェイムス・カー、スペンサー・ウィギンス。

ルースのカヴァーが多く、そのギタリストであったアドキンスもブルース系のギタリストだ。となるとベースは同じバンドにいたジェシー・カーターということになるのかもしれない。後のふたりフランク・キャノンとバリー・ヒューバートは不明な点が多い。というのもメンフィスにはBarney Hubertというバリトン・サックス奏者なら実在するからだ。ただわかっていることはローマン・ポーリングの63年のセッション「ムーン・ドリームス」のメンバーが使われているということだけである。

当時はまだメンフィス・ソウルのスタジオ・ミュージシャンは確立されておらず、スタックスでようやくMGズがその地位を得つつあった。だがゴールドワックスにはその余裕はなく、アーティストが連れてきたミュージシャンを使うか、クランチがミュージシャン組合から雇った者を使うしかなかった。当時ゴールドワックスからデビューしたアーティストのバック・ミュージシャンがばらばらなのもそのためだ。リリックス、O・V・ライト、ジェイムス・カーに続いてスカウトされたのはオヴェイションズだが、それも例外ではなかった。彼らが主に活動していたのはメンフィスのフラミンゴ・クラブだった。そのハウス・バンドがジーン・ミラーのバンドだった。当時のジーン・ミラーはスペンサー・ウィギンスをフィーチャーしていたとされる。当然オヴェイションズも共演することが多かっただろう。

その3つのアーティストがほぼ同時期にゴールドワックス入りしたことをみてもその緊密性が

よくわかる。もし60年代初めであれば、クランチはジーン・ミラーのバンドを真っ先に欲しがっただろう。61～62年はポップス界でもインスト・ブームと言えるほどの人気で、多くのインストルメンタルのヒット曲が生まれていた。ところが63年になるとそれは激減する。クランチの目当てはオヴェイションズとスペンサー・ウィギンスにあり、ジーン・ミラーとの契約はあくまでそのバック・バンドだったからということに理由があったに違いない。

オヴェイションズが最初のセッションで録音したのは「プリティ・リトル・エンジェル」と「ウォント・ユー・コール」の2曲だが、そこにジーン・ミラーのバンドが使われたのも当然だった。実はほぼ同時期ミラーのバンドもゴールドワックスと契約し、両者のレコードは続き番号で出されているのだ。つまりゴールドワックスの110番と111番である。このセッション・メンバーにはドラマーのハワード・グライムス、ベーシストのフロッグ、キーボードのアイザック・ヘイズがいたと思われるが、クラレンス・ネルソンはまだ参加していない。

オヴェイションズのゴールドワックス入りによって、スペンサー・ウィギンスもゴールドワックスと契約を交わした。ジーン・ミラーを仲介としてこの三者は分かちがたく結びついていた。ただし彼に用意されたのはゴールドワックスではなく、もうひとつのレーベル、バンドスタンドUSAの方だった。なぜゴールドワックスではいけなかったのか、今となっては知る手段がない。恐らく、そちらにはバリバリのブルース・シンガー／ギタリスト、ビッグ・ラッキーが在籍していたようにブルース系のレーベルという腑わけがあったのだろう。実際そのデビュー曲「ラヴァーズ・クライム」と「ホワット・ドゥ・ユー・シンク・アバウト・マイ・ベイビー」は当時の彼が目指していたボビー・ブランドに近いスタイルのものだった。それらのライター・クレジットからもジーン・ミラーのバンドが使われ、アイザック・ヘイズも参加していたことが証拠づけられる。ここではブルース系のギターがたっぷりフィーチャーされるが、それはトロイだろう。

原点回帰

だが、ここまでゴールドワックスの成績はお世辞でもいいとは言えなかった。クランチは本来ならゴールドワックスを世に広めたはずの「ザッツ・ハウ・ストロング・マイ・ラヴ・イズ」に帰る必要があった。その音、そのスタイルこそゴールドワックスであったはずだ。クランチは改めてクラレンス・ネルソンを前面に出し、その時に使ったドラマーXを据えた。ただし他はジーン・ミラーのホーン・セクションなどを借り、強化を図った。ベースはフロッグことクリーヴ・シアーズ、このメンバーで出来上がったのがオヴェイションズの「イッツ・ワンダフル・トゥ・ビー・イン・ラヴ」だった。この曲は周知のようにリードのルイス・ウィリアムスのサム・クック味をたっぷり生かしたもので、すぐに評判となった。65年5月22日付でチャート入りし、R&

Bでは22位、ポップスでも61位の好成績を残している。注目したいのはポップ・チャートの方だ。この成績はオーティス・レディングの中でも「ミスター・ピティフル」に匹敵する。ほとんど南部の黒人社会の内部でのヒットに限られていたものが広く羽ばたき始めたのがこの65年初めだったのだ。

ところでこの曲のキーボード、つまりオルガンは一体誰が弾いていたのだろうか。頭から心を捕えるクラレンスのギターを厳かに支えるオルガンの響きは無視できない。これはアイザック・ヘイズなのか？ いやそうではない。彼はシンガーとしてのデビューを果たした後、その成果がぱっとしないので、改めてミュージシャンに専心し、ライターとしてデヴィッド・ポーターと組むようになっていた。その最初の作品はサム&デイヴの「アイ・テイク・ホワット・アイ・ウォント」だったと思われる。この曲は65年7月「スウィート・ホーム」と共に録音され、彼らの2枚目のシングル盤として発表された。B面はスティーヴ・クロッパーの書いた平凡な曲だったが、こちらは勢いのある曲として人気も高い。その際先のふたりにティーニー・ホッジスが加わってこの曲は完成された。印象的なリズムを作り出しているのはクロッパーではなく、まさにそのティーニーで、彼にとっては唯一スタックスで録音した曲だったという。恐らく彼を連れてきたのはヘイズで、ダニー・ホワイトのフリスコ録音でも両者は共演していた。同じ日にオーティスのレコーディングも成され、ヘイズとしてはピアニストとしての参加もそれが最初だったと考えられる。つまりアイザック・ヘイズは当時既にスタックスのスタッフとして生きることを決めていたのだ。

代わりにこの「イッツ・ワンダフル」でオルガンを弾いたのはティミー・トーマスだった。彼はクリス・サヴォリーがゴールドワックスでの仕事を質問したインタビューの中で次のような答えを用意している。

「わたしはゴールドワックスのレコーディング・アーティストとして仕事をしたよ。セッションの仕事もね。もしそれがティミー・トーマスのセッションじゃないというなら、たとえばジェイムス・カーと一緒にやったものであったわけさ。ゴールドワックスでは彼は非常に有名だった。スペンサー・ウィギンスもいた。……わたしはオヴェイションズが最初のレコード〝イッツ・ワンダフル・トゥ・ビー・イン・ラヴ〟を出した時にもやったよ。そこではわたしの音はすごく小さく抑えられている。彼らが音を切っちゃったんだ。わたしはバーンと大きい音を出したんだがね」（＊2）

確かにティミーが回想するように、その曲ではクラレンスのギター・ワークを目立つようにさせるためか、オルガンの音は極めて小さく抑えられている。だがそれがクランチらの思惑でもあったろう。そのおかげでルイス・ウィリアムスとクラレンスのギターの対比が見事に浮かび上がっている。

この後ティミーはゴールドワックスのレギャラー・セッション・ミュージシャンとなった。ではそもそもなぜ彼がそのセッションに参加することになったのか。彼は既にゴールドワックスでレコードを出していたフィリップ&ザ・フェイスフルズのメンバーだった。このグループはフィリップ・レイノルズをリーダーとしていたが、彼はテナー・サックス奏者兼バンド・リーダーで、その前62年にサンでのレコーディングの経験があった。その時フィーチャーされていたヴォーカリストがフランク・バラードという人で、それは日本にも紹介されている(*3)。この時点ではティミーは参加していなかったが、レイノルズがフィリップ&ザ・フェイスフルズを結成するや、そのグループに参加した。それがクランチらの目に留まったのである。ティミーはキーボード奏者として迎い入れられ、同時に歌も担当した。「ラヴ・ミー」では確かにティミーの声が確認できるが、もうひとりのヴォーカリストはやはりフランク・バラードだろう。

ティミーが生まれたのはインディアナ州のエヴァンズヴィルというところで、メンフィスとは無縁だった。ところがテネシー州ジャクソンの大学に進んだことで、テネシー州との関係が深まった。実はフランク・バラードはそのジャクソンの出身で、そこでふたりは知り合ったのだろう。そのグループからスカウトされ、ティミーはゴールドワックスの欠かすことのできないミュージシャンのひとりとなっていく。

改めて「イッツ・ワンダフル・トゥ・ビー・イン・ラヴ」のミュージシャンを整理しておこう。

そのメンバーはクラレンス・ネルソンのギター、クリーヴ・シアーズのベース、ティミー・トーマスのキーボード(オルガン)である。ただしドラマーはまだ単にXとだけしておく。このメンバーはスタックスのミュージシャンとも、またハイ(ウィリー・ミッチェル)のミュージシャンともホーン・セクション以外はひとりもかぶっていない。まさにここにゴールドワックス・サウンドなるものが完成したのである。このメンバーの放つ力はすさまじい。メンフィス・ソウル、いやソウル・ミュージックのもっとも輝かしい部分がこのメンバーから生まれたのである。一体厳密に言ってどこまでがこのメンバーでプレイされたのだろうか。具体的にいえば、オヴェイションズの「ライド・マイ・トラブルズ&ブルース・アウェイ」まで、シングル盤の番号でいえばGoldwax 322まで続いた。67年の5、6月頃まで、つまりはおよそ2年間続いてそれは終わりを告げる。それは最も輝かしい時代の終わりでもあった。

使われたサン・スタジオ

その足跡を丁寧に辿ってみよう。オヴェイションズの先のヒット曲に気を良くしたクランチらは再度彼らを同じスタジオに連れて行った。例外を除いてその頃はサンのスタジオが使われている。再びティミー・トーマスの述懐に戻れば、「小さなドラッグ・ストアがあった。そこでドック・

ラッセルがそれ、ゴールドワックスと呼ばれる会社を始めたわけさ。サム・フィリップスのスタジオが使われていたな。そこで録音するんだ。サム・フィリップスはほとんどレコード会社はやってなくて、テープ、ディスクあるいはマスターを録音して他の会社に売ったり、また買ったりもしていたわけさ。こうやってわれわれのレコーディングのほとんどが作られていたわけだ」(＊4)

「アイム・リヴィング・グッド」はダン・ペンとスプナー・オールダムという新進のライター・チームの手によるものだったが、ほとんど前作を踏襲していた。クラレンス・ネルソンのギターは一層冴えわたり、トゥー・コーラスを終えると、激しく呼応する。まさに心をえぐられる部分だ。ところがこの曲に対してかつてクランチはマーリン・グリーン、ロジャー・ホーキンスらのマスル・ショールズのメンバーを知らせてきた。なぜクランチはこんな初歩的なミスを犯したのか。その理由ははっきりしている。つまりこの曲は後に「ユー・ハッド・ユア・チョイス」と組み合わされ、彼らの最後のシングル盤（Goldwax 342）として発売された。この時ルイス・ウィリアムスの最初の語りは削られ、代わりにホーン・セクションがダビングされた。これはフェイム・スタジオでなされたので、その時のデータが残っていたのだろう。クランチはフェイム録音ということで前述のようなメンバーを知らせてきたというわけだ。

オヴェイションズの成功で、ジェイムス・カーにも同じメンバーがあてがわれた。つまり「シーズ・ベター・ザン・ユー」と「トーク・トーク」のカップリング（Goldwax 119）である。特に前者はメンフィス・ソウルの王者としての風格と力に漲り、まさにジェイムス・カーという作りになった。ところがこの曲ではオルガンではなくピアノによってむしろスタックス風なサウンドが作りだされていた。この奏者はティミー・トーマスなのだろうか。彼はほとんどオルガンに専念しているのでこれはジョー・ホールなのではないか。彼は当時ウィリー・ミッチェルとの関係は疎遠となり、しばしばジーン・ミラーのバンドと行動を共にするようになっていた。ホッジス兄弟のひとり、キーボードのチャールズ・ホッジスがハイのレギュラー・メンバーになりつつあったからだ。

ソウル史上最高の1枚

この頃ゴールドワックスにとっても大変な事態が生じていた。それまで配給元だったヴィー・ジェイ／トリーの経営が思わしくなくなり、配給元を変えなければならなくなったのである。幸いニューヨークのベルがアトランティックに対抗するかのように勢力を伸ばしていた。ラッセルとクランチは彼らのレーベルをベルに委ねることになる。それまでの100番台は終了し、ベル傘下の300番台が始まることになる。既に時は66年に突入していた。またしてもオヴェイションズが先頭に立った。「ドント・クライ」と「アイ・ニード・ア・ロット・オブ・ラヴィン」である。共に有名な作品となった。前者はサム・クックの「サマータイム」をヒントに作られている。両者の熱心な聞き手であればサムがその曲で〝ドント・クライ〟の部分を膨らませ自由に歌っているところにルイス・ウィリアムスが感銘を受け、「ドント・クライ」を作ったことは容易に想像できるだろう。事実わたしがルイスにそれを確かめたところ、にっこりして「その通りだ」と答えてくれたものだ。冒頭からのクラレンスのギターが非常に効いている。彼あってのこの曲という気さえする。だがベル傘下となることで、ゴールドワックスにも新たな手法が取り入れられていた。オーヴァーダビングである。この曲はストリングスが後からダビングされている。そのおかげで穏やかな雰囲気が漂い、遠くサム・クックの時代をも偲ばせるものとなっている（＊5）。同時期のスタックスでもそうだが、メンフィスでもこうした録音方法は常態化しつつあった。

だがもう1曲の「アイ・ニード・ア・ロット・オブ・ラヴィン」は別のメンバーで録音されている。この曲はもう一度ダン・ペン、スプナー・オールダムのチームによって書かれた。彼らは親密さを増していたチップス・モーマンをそこに呼んでいた。クラレンス・ネルソンの代わりに彼がギターを弾いている。この曲はそれからしばらくして、つまり66年5月にウィルソン・ピケットによっても録音されたが、その時もチップス・モーマンは弾いている。リズム・ギターが入っているが、それはトミー・コグビルかレジー・ヤングによるものだったろう。ただしリズム・セクションは同じだったと考えられる。だがこのモーマンの参加により、彼のゴールドワックスでの役割は一段と大きいものになった。

オヴェイションズはその後3枚のレコードでゴールドワックス・サウンドに寄与する。その中にはサム・クック調としか言いようがない「アイ・ビリーヴ・アイル・ゴー・バック・ホーム」、クランチが50年代にボビー・チャンドラーのために書いた「ミー・アンド・マイ・イマジネーション」、「ライド・マイ・トラブルズ・アンド・ブルース・アウェイ」といった真の傑作と言えるような曲が含まれていた。その中では2番目の曲がソウル・チャートの40位に付けるのがやっとだった。むろんアップ・テンポの曲にも見るべきものは多い。だがその時代の主役は何といってもジェイムス・カーだった。

新シリーズが始まると、ジェイムスもオヴェイションズと同じバック・メンバーを使って意欲的にレコーディングに取り掛かった。恐らくそれは10曲近くに及んだだろう。最初に切られた「ユーヴ・ガット・マイ・マインド・メスド・アップ」が66年4月にチャート入りし、好成績を収めると、クランチは気を良くしただろう。「ラヴ・アタック」「ポーリング・ウォーター・オン・ア・ドラウニング・マン」と立て続けに切り、それもチャートに上げている。アップ・テンポの2曲に加え、アルバム用の曲も2曲加えられた。ソウル史上最高の1枚といわれる『ユー・ガット・マイ・マインド・メスド・アップ』の12曲中「ダーク・エンド・オブ・ザ・ストリート」以外の11曲がこうしたメンバーで録音されたのだ。まさに恐るべき作品集となった。

三位一体

だがここで他のアーティストにも触れておかなければ不公平というものだろう。そのひとつがスタックスから移ってきたヴェル・トーンズだった。奇しくも彼らが取りあげたのはリリックスがゴールドワックスの始動に選んだのと同じタイトルの「ダーリング」だった。それからしてもクランチが新たなシリーズに向けて出直そうとしていたことが読み取れる。だがさびの部分は似ているものの、その2曲は全く別の曲だ。こちらの曲のオリジナルはグラディス・ナイトのバック・グループ、ピップスが62年に単独で録音していた曲だった。ところがエースはそれを見誤り、シングル盤に載せられていたクレジットを書き換えて載せてしまっている（＊6）。いずれにせよオリジナルに忠実に歌われたヴェル・トーンズの歌に特筆すべきところはなく、ただ単にクラレンスの細やかで絶妙なギター・プレイとそれを支えるリズム・セクションだけが聞きものとなっている。もう1曲の「アイ・ドゥ」は再びダン・ペンとスプナー・オールダムからもらっている。スティーヴ・アライモやベン＆スペンスが歌った曲としても知られるが、それだけに曲調はポッ

The Vel Tones の “Darling”。

プで、クラレンスのギターもここでは聞かれない。

それに続いたのがスペンサー・ウィギンスである。当時リリースされたものに限れば5曲ほどの付き合いだったが、そこには彼の原点となるブルースから軽快なナンバー、さらに吠えるようなバラードまで彼のすべてが凝縮されていたといってもいい。特筆すべきはその後多く人によってカヴァーされる「テイク・ミー」のすさまじさだ。スローでプレイされることの多い他のヴァージョンと違い、スペンサーによるオリジナルはウォーキング・テンポで曲は展開する。恐らくジョー・ホールと考えられるピアノとティミー・トーマスのオルガンが交叉し、彼の声を支える。〝リッスン・ハニー〟と呼びかけるや、説教師のごとく語りとも叫びとも言えるような領域に入り、もう一度盛り上がっていくのだ。その時のクラレンスのギターがまたすさまじい。彼は歌がすごくなればなるほど自由に舞い、そのフレーズは人を突き刺す。当時の録音方法がリズム・セクションもあるいはホーンも、そして歌手も同じスタジオで一緒に録音していたからこそ生まれた傑作だという気がする。だがそうした時代もそろそろ終わりを告げようとしていた。スタックスで言えばオーティス・レディングが生きていた頃まで、つまりは67年くらいまではその方法が取られていたが、68年のヒット曲、たとえばジョニー・テイラーの「フーズ・メイキング・ラヴ」になると、リズム、ホーン、歌いれの3本立てとなっていた。

さらにパーシー・マイレムの不朽の名作「クライン・ベイビー・ベイビー・ベイビー」、エディ・ジェファースンの「ウェン・ユー・ルック・イン・ザ・ミラー」あたりまでがここで問題にしてきたゴールドワックス・サウンドということになる。前者のイントロを彩るティミー・トーマスのオルガン・プレイは以前のように音が消されることはなく、これが全体を効果的に包む。そのせいかクラレンスのギターはリズムに重きを置く地味なものだ。だがそれがパーシーの声を見事に浮き出させ、まさに三位一体の境地を作るのだ。これに心打たれないサザン・ソウル・ファンはいないだろう。だがエディのシングルの1番後、つまり317番でまた大きな変化が起きた。ジェイムス・カーの「ダーク・エンド・オブ・ザ・ストリート」の誕生である。ゴールドワックスの中でいよいよチップス・モーマンの力が大きくなろうとしていた。

（＊1）これはサヴォイにリースされそちらからも発売された（Savoy 1619）。このシングルのマトリックスがSO 63-190/189であるところから英エースは63年初頭のリリースとしているが、原盤はロンドン・マトリックスが使われ、52063A/Bだった。これは62年と考えられる。アーニー・ケイドゥの「マザー・イン・ロー」が61年春にヒットしていることを思えば、そう考えた方が自然だ。なお当時のサヴォイはメンフィスのアーティストを何枚も発売している。

（＊2）『Hot Buttered Soul』No.19、73年6月。ところがローベン・ジョーンズの書いた『Memphis Boys』（２０１０年）ではそのパーソネルをジーン・クリスマン（dm）、ボビー・ウッド（org）、トミー・コグビル（b）としている（P17）。エース同様の思いこみ、誤りがここでも続いている。それについては後に詳しく触れる。さらにかつてクランチが送ってくれたパーソネルでもジェイムス・カーとオヴェイションズでティミー・トーマスが記載されているものは1曲もなかった。恐らく記載がなかったか、クランチの印象が弱かったかどちらかだろう。

（＊3）『ダンシン〜リズム&ブルース・パーティ』（ソリッド CDSOL 5173）にフランク・バラード・ウィズ・フィリップ・レイノルズの作品が18曲収録されている。

（＊4）『Hot Buttered Soul』前述書

（＊5）かつてヴィヴィド・サウンドでこの曲が初めてLP化された時、ダビングなしの作品が入れられ、そのことが発覚した。

（＊6）『The Complete Goldwax Singles Vol 1』（Ace CDCD2 1226）のライナー参照。リリックスの方のライター・クレジットは〝Edwards-Cage,Jr〟、つまりヴァーネル・エドワーズとアール・ケイジであるのに対して、ピップスの方のライター・クレジットは〝Guest-Knight-Patten〟の3人。つまりピップスのメンバー、ウィリアム・ゲスト、メラルド・ナイト、エドワード・パットンの名前が記されている。ところがゴールドワックスはそれを誤記し、〝Jusest-Knight-Tatten〟としてしまった。エースはあり得ない名前としてそれを変えたのかもしれない。

第6章
チップス・モーマンの仕事

ダーク・エンド・オブ・ザ・ストリート

ジェイムス・カーの「ダーク・エンド・オブ・ザ・ストリート」はビルボードによれば67年2月4日付でR&Bチャート入りし、10位まで上がっている。彼の一番のヒット曲とは言えないかもしれないが、代表作であることは間違いない。だがこんなにも有名な曲でありながら、今までにその曲が誰によって演奏されたのか確かなことはわかっていないというのだ。出された当時からわたしはずっと調べているが、証拠が見つかった形跡はほとんどない。随分と頭を悩まされ、一応の結論は出たつもりだが、その証拠固めがまだできていない。だが作ったのはチップス・モーマンとダン・ペンであることはむろんわかっていた。実はこの組み合わせからして珍しいのである。というのもチップス・モーマンはずっとメンフィスを根城に活動してきた人だが、ダン・ペンはマスル・ショールズの人間であり、むしろスプナー・オールダムとコンビを組むことが多かったからである。だがそのふたりが書いた曲にモーマンが早くから関わっていたことは前章でも触れた。オヴェイションズの「アイ・ニード・ア・ロット・オブ・ラヴィン」では二人の書いた曲に対してモーマンはギターを弾いている。その関係でダン・ペンとチップス・モーマンも親しくなり、共作の話が持ち上がったのだろう。不倫をテーマに見事なメロディに乗せたその曲はジェイムスの神秘的ともいえる歌唱によって一層際立つことになる。誰しもがジェイムスに勝る歌い手はいないと認めている。

チップス・モーマンが絡んでいるのでそれはアメリカン・スタジオのミュージシャンではないかと早くから言われていた。だがわたしはふたつの根拠からそれはないと以前から唱えていた。このヒットの後アメリカン・スタジオでは三度この曲が録音されているのだが、どう聞いてもジェイムスのオリジナルとはかけ離れており、ミュージシャンも違うとしか思えないのである。ひとりはベルから「フォー・ユア・プレシャス・ラヴ」のヒットを放ったオスカー・トニー・ジュニアだった。このヒットが67年の6月あたり。その直後にアルバム用のレコーディングがなされ、この曲も収まった。もうひとつはフランキー・ギアリングのいたグローリーズで、彼女たちは68年10月18日にやはりアメリカン・スタジオでこの曲をレコーディングした（＊1）。さらに69年にはモーマンらが設立したAGPのロイ・ハミルトンにその曲を歌わせた。なぜ三度も同じようなレコーディングがアメリカン・スタジオでなされたのか。実はオスカー・トニーの方は当時急に業績を伸ばしつつあったマイアミのプロデューサー、パパ・ドン・シュラウダーによってなされたもので、彼の頼みでそのスタジオおよびミュージシャンが使われた。その時モーマンはエンジニアとして立ち会っている。だがそれだけではやり残したと考えたモーマンはグローリーズやロイ・ハミルトンを前にして自らプロデュースに臨んだのだろう。オスカーのアルバムにはバック・ミュージシャンの名前と顔写真が添えられている。つまりギターがレジー・ヤング、ベースがトミー・コグビル、ドラムスがジーン・クリスマン、ピアノとオルガンがボビー・エモンズである。おなじみのレギュラー・ミュージシャンであり、この曲でもレジーはいつもと変わらぬカントリー味を含む柔らかなフレーズを刻んでいる。残念ながらジェイムスのヴァージョンのような引き締まったプレイは他のミュージシャンにも見られない。ところがグローリーズの方はウィルソン・ピケットの幾多のセッションで積み重ねた味が加わっている。具体的にいえば「アイム・イン・ラヴ」でボビー・ウォマックが披露し、モーマンやレジーらが感服したスタイルが投影されている。ロイ・ハミルトンの時には既に彼らにとっての必須曲となっていたのだろう。

オリジナルの「ダーク・エンド・オブ・ザ・ストリート」にはそれとは全く違う澄んだ空気が漂う。わかっていることはこの曲がメンフィスのロイヤル・スタジオで録音されたということだけである。果たしてどんなミュージシャンがそこに集ったのか。わたしはそのギターがチップス・モーマン自身であるという結論に達した。彼はスタジオ経営に忙しく、それはあり得ないと人は言うかもしれない。確かに彼はアメリカン・スタジオの経営に専心していた。ビルボードが70年に発刊した『1970 International Directory Of Recorcing Studios』によれば、65年にそのスタジオを始めていた。ところが彼はギタリストとしての活動を終えたわけではなく、アトランティックのジェリー・ウェクスラーに乞われてウィルソン・ピケットなどのバックを務めていた。その最初のレコーディングはおなじみ「ダンス天国」が生まれた66年5月8日のセッションである。先にも触れたように、ゴールドワックスのセッションではオヴェイションズの「アイ・ニード・ア・ロット・オブ・ラヴィン」でリードを取っていた。そこで自分の書いた曲にギタリストとして加わったのである。ドラマーはハワード・グライムスの可能性もあるが、彼の自伝にはこの曲のことは全く書かれていない。こんな有名な曲に参加したなら覚えているはずなのだ。ドラマーはやはりXだったろう。その抑制したドラミングには続き番号で出されたエディ・ジェファーソン「ウェン・ユー・ルック・イン・ザ・ミラー」との共通性が感じられる。ベースはロイヤルなのでハイのリロイ・ホッジスが参加したか、あるいはフロッグだったろう。この謎のメンバーによって彼の一味違った作品が生まれたことは確かである。

惚れ込んだギタリスト

チップス・モーマンはここにたどり着くまでどんなキャリアを経てきたのだろうか。その初期のキャリアについては既に触れた。スタックスを追われた後、65年にスタジオ経営に辿りつくまでの間彼はどうしていたのか。そのひとつがヤングスタウン／ペントハウス、ウィル・モといった自らが経営するレーベルの管理だった。そもそも彼にはソウルなどの黒人音楽にだけ専心するつもりはない。そこでもジェントリーズなどバブルガム・ロックのヒットが彼を助けた。だが64

年に出された1枚のレコードが彼が再びソウルに向かわせるきっかけとなった。バーバラ&ブラウンズの「ビッグ・パーティ」である。この作品は全く気まぐれとしか言いようがないモーマンの最初のレーベル、ウィル・モ（Wil Mo）からリリースされ、101の番号が付けられた。ライターがジェリー・ウィリアムスなので、そのWilとモーマンのMoがくっつけられたのである。どういう経緯か、このシングルはかつてモーマンが追いだされたスタックスにリリースされる（Stax150）と、64年の5月16日付でランクされ、R&Bチャートの40位まで上がった。ポップでもかろうじて97位の成績が残っている。当時のスタックスの販売力の強さを物語るものといってもいいだろう。この曲に関して、ハワード・グライムスは次のように述べている。

「わたしはアル(ジャクソン)が入った後もスタックスのセッションではいくつかやっているよ。ウェンディ・ルネイの〝バーベキュー〟でプレイした。バーバラ&ブラウンズの64年のヒット〝ビッグ・パーティ〟でもやった。ラーゴスから来たわたしのダチ、そうグレイトなクラレンス・ネルソンがその曲ではプレイしていた。彼はファイヴ・ロイヤルズのローマン・ポーリングをベースにしたグレイトな弾き方をしていたな」（＊2）

バーバラ＆ブラウンズのWil-Moで出されたシングル。

ハワードの観察、つまりクラレンスのギター・スタイルがローマン・ポーリングから来ているという見方が面白い。スタイルとしての共通性はあまりないように感じられるが、確かにその音色やフレーズでは似たものがあった。この「ビッグ・パーティ」がクラレンスのギターであることは日本では古くから知られていたが、それはイントロのギターからして奔放で、彼の良さが全開しているからである。後年サウンズ・オブ・メンフィスで彼らがこの曲を再録した折に、ティーニー・ホッジスがそっくりなフレーズを弾いていたことを思い出す。だがこのパーソネルに関しては謎も残っている。スタックスのボックスを編集したロブ・ボウマンはクラレンスの他にピアノのボビー・ウッドを挙げている。だがチップス・モーマンとボビー・ウッドとの接点は64年にはまだないはずである。グライムスの証言が示唆するように、ベン・ブランチのバンド仲間であったクラレンスをチップス・モーマンに引き合わせた可能性が強い。となると、ピアノはやはりベン・ブランチのバンドにいたアイザック・ヘイズの可能性が強いだろう。モーマンはヤングスタウンではヘイズ自身のレコードを既にリリースしていた。またサウンドがゴールドワックスによく似ているところから、ベースはフロッグであったかもしれない。

ヤングスタウン

チップス・モーマンがクラレンス・ネルソンのギターを間近に見たのはこの時が恐らく最初だった。彼はそのスタイルに惚れこみ、後年自分のセッション・ギタリストになったレジー・ヤングに対してクラレンスのように弾けと指示したと伝えられている。クラレンスはほとんどゴールドワックスの専属ギタリストのようになったので、レジー・ヤングにその役を仰せつかわせたというわけだ。一方ヤングスタウン／ペントハウスはずっと前の62年にはメンフィスで始まっていた。だがモーマンが関わるようになったのはマキシン・ジョーズの〝A Little Bit Of Heartache〟(Penthouse 1003) が最初で、実際ライターとして貢献した。このレーベルは面白く、同じ規格番号でヤングスタウンと名乗ったり、ペントハウスと名乗ったりするという不思議な組み合わせをしていた。たとえば5002という番号ではヤングスタウンではジェブ・スチュアートを、ペントハウスでトミー・コグビルを発売していた。恐らく65年にジェントリーズの「キープ・オン・ダンシング」の大ヒットが生まれることによってモーマンが実権を握り、そのレーベルのオーナーにもなったのではないか。同時に彼はアメリカン・スタジオの運営に取り組んだ。ちょうどその頃モーマンはトミー・コグビルのスカイライターズと遭遇する。65年モーマンはトミー・コグビルのシングルを発売するとともに、彼のバンドを専属ミュージシャンに仕立てることを考え始めたのだろう。だが最初彼らはあくまでポップを作るバンドでしかなかった。ソウルではクラレンス・ネルソンが彼の憧れであったはずだ。それはヤングスタウンのリリースにはっきり刻まれている。つまりフランシン・カー、モダン・ソウル・トリオと続く作品である。ソウル・マニアの間では絶大の人気を誇る2枚ではあるが、いずれもシングル・リリースは1枚しかなく、その正体については謎に包まれている。前者は66年〝Papa's New Bag Ain't Nothing But A Hag / I'll Always Be In Love With You〟(Youngstown 604)を発表する。「パパス」の方はそのタイトルから予想がつくように、ジェイムズ・ブラウンの「パパス・ガット・ア・ブランド・ニュー・バッグ」のアンサー・ソングだった。この曲が大ヒットしたのは個人的にもよく覚えているが、65年の夏から秋にかけてだった。アンサーというのはそれがまだ生々しい時に出さなければ意味がないから、65年内には録音され、年内にはプレスに回されたことだろう。実はこのシングルにはモーマンは直接関わっていたわけではない。ドラマーはウィリー・ミッチェル・バンドのサミー・クリーソンが担当し、ゴールドワックスとは一味違う作りとなっている。ライターにはクリューズ＝カーター＝ネルソンの3人が連記されているが、このクリューズとは歌手のウェイン・マクギネスの叔父のドン・クリューズのことで、メンフィスでレコード会社を持ち、モーマンにアドヴァイスを与えていた。またネルソンとは明らかにクラレンス・ネルソンのことだが、カーターについては不明だ。さらにこのレコードには後にメンフィアンズと名乗る連中が関わっていた。メンフィアンズはアーチー&ジュリアス・ブラッドリーを核とする音楽集団で、70年代に入ってからジョー・パーキンスという有能なシンガーを得て、ファンキーかつディープな試みを続けている。自身の作品もブラフ・シティとポーンで発表しているが、いずれもファンキーなものだ。前者で出された「ブレイクダウン」はディープ・ファンクとして名高い。

フランシン・カーの「パパス」が後にファンクといわれるようになった作品の先駆けになったのも、メンフィアンズが当時のメンフィスでは珍しいファンクにいち早く着目していたからに違いない。スタックスを見てもルーファス・トーマスやアイザック・ヘイズがファンクに盛んに取り組むようになるのは67年を過ぎてからのことだった。ましてやゴールドワックスではそれはまだ眠ったままであった。「パパス」はむろんジェイムスの曲のリフを忠実に再現しているが、クラレンスにとってもそれは初めての試みだったろう。そのB面「アイル・オールウェイズ・ビー・イン・ラヴ・ウィズ・ユー」はアーチー・ブラッドリー自身が書いたが、情感豊かなバラードにまとめている。クラレンスのギターが最高に映えたのは言うまでもない。

66年に作られたモダン・ソウル・トリオのレコードにはモーマンが直接手を下した。〝That's Where It's At / You're No Good〟(Youngstown 606) である。ゴールドワックス全盛の真っただ中、モーマンは敢えてゴールドワックスと同じバック・ミュージシャンを当てた。サム・クックの名作をメンフィス流に解釈したその曲は2分余りの短い時間に彼らの命を注ぎ込んでいる。ふたりのコーラスを抜け出すようにO・V・ライトに似た声の持ち主が抜け出してリードを取り、クラレンスが激しいフレーズで応えるところは聞き手に至福の時間を与えてくれるだろう。一方「ユーア・ノー・グッド」はゴールドワックスではあまり見られない軽快な作品となった。チップス・モーマンの優れた腕を感じるところだ。

そのスタイルからして彼らがO・Vと同じようなゴスペル・カルテット出身者なのは明らかだ。だがその正体についてどこでも明らかにされたことはない。唯一の手掛かりはB面曲に記された〝Jones-Trent-Jones〟というライター・クレジットだけだが、そこから先に進むのは難しい。ただメンフィスにはジョーンズ・ブラザーズというカルテットが昔からいて、それと関係があるか

それぞれ Francine Carr, Modern Soul Trio, Maxine Jones のシングル。

もしれないと思わせるだけだ。

CD全盛の時代になってから、思わぬところでヒントを得た。ジーン・ルッケーシの持つXLの作品が英ケントからリリースされ、その中でリチャード&ウォルターという初耳のデュオの作品が日の目を見たのである。まさにぶっ飛んだ。「ラヴ・ジャスト・エイント・ゼア」「アイ・ラヴ・ユー」という2曲だが、そのサウンドといい、スタイルといい、モダン・ソウル・トリオにそっくりだったからだ。ゴールドワックス・サウンドそのものであり、クラレンスのギターも冴えわたっている。ただモダン・ソウル・トリオで聞かれたO・V・ライトに似たシンガーはいない。となると、三人組から彼が抜け、リチャード&ウォルターのジョーンズ兄弟が残ったのではないか。とまあこれはすべてわたしの推測なので、いつか明らかになってほしい。

目を付けたバンド

チップス・モーマンに話を戻そう。66年から67年にかけてモーマンはレーベル経営とスタジオ経営に追われる傍ら、本来のギタリストとしての活動を盛んに行なっていた。そのきっかけはダン・ペンを通じてマスル・ショールズの面々と親交を温めたことにあった。アトランティックのジェリー・ウェクスラーは自分の持ち駒ドン・コヴェイとウィルソン・ピケットを初めてマスル・

ショールズに送るにあたって、ちょっと凝った要求をした。つまり慣れないマスル・ショールズのメンバーでそれを固めることはせずに、彼のよく知るメンフィスのミュージシャンを混ぜることをリック・ホールに伝えたのである。ホーン・セクションは大半がメンフィスから選ばれた。それればかりではない。ベースのトミー・コグビルとギターのチップス・モーマンはメンフィスから送り込んだ。こうして変則的なメンバー構成から世界的なヒット曲が多く生まれたのである。

その最初のセッションはいずれも66年5月になされたが、その中から「ダンス天国」がまず誕生し、「マスタング・サリー」「アイ・ファウンド・ア・ラヴ」などが続いた。これらの曲でリードを弾いていたのがモーマンだった。彼は67年1月に行なわれたアレサ・フランクリンの最初のセッションでも思う存分力を発揮した。ご存知「貴方だけを愛して」の誕生である。だがその直後から彼の名前は消える。リード・ギターは主にボビー・ウォマックやジョー・サウスに代わり、モーマンはアメリカン・スタジオの発展を促すためにギタリストとしての仕事は封印し、そのスタジオ・ミュージシャンの育成を急ぐことになる。そこで目を付けたのがトミー・コグビルのいたスカイライターズだった。

第3章で詳しく触れたように、スカイライターズはそもそもボビー・ウッドの兄であるベーシストのビリー・ウッドによって結成されたバンドである。そのうちビリーはリタイアし、そのバンドはエヴァー・レディーズと名を改めている。コグビルはギターからベースに持ち替え、ドラマーのジーン・クリスマン、キーボードのボビー・ウッド、サックスのチャールズ・チャルマーズがそのメンバーにいた。65年このメンバーはハイ所属の人気サックス奏者エース・キャノンのアルバムに起用された。その年4月それは『エース・キャノン・ライヴ』のタイトルでリリースされる。その時ウィリー・ミッチェルのバンド・メンバーだったベースのマイク・リーチ、ギターのレジー・ヤング、さらにオルガンのボビー・エモンズが合流した。ここでアメリカン・スタジオの役者はほぼ出揃ったことになる。

モーマンはこのメンバーに着目することになる。彼の憧れであったクラレンス・ネルソンはゴールドワックスのレギャラー・メンバーとなっており、手元に置いておくには困難があったのかもしれない。ヤングスタウンはまだ存続していたのでそのメンバーをルーズヴェルト・グリアとトミー・ファーガソンのレコードに続けて投入している。特に、後者の「チェイン・オブ・フールズ」のインストはアレサ・フランクリンの大ヒット、つまり68年1月の直後に吹込まれたと思わ

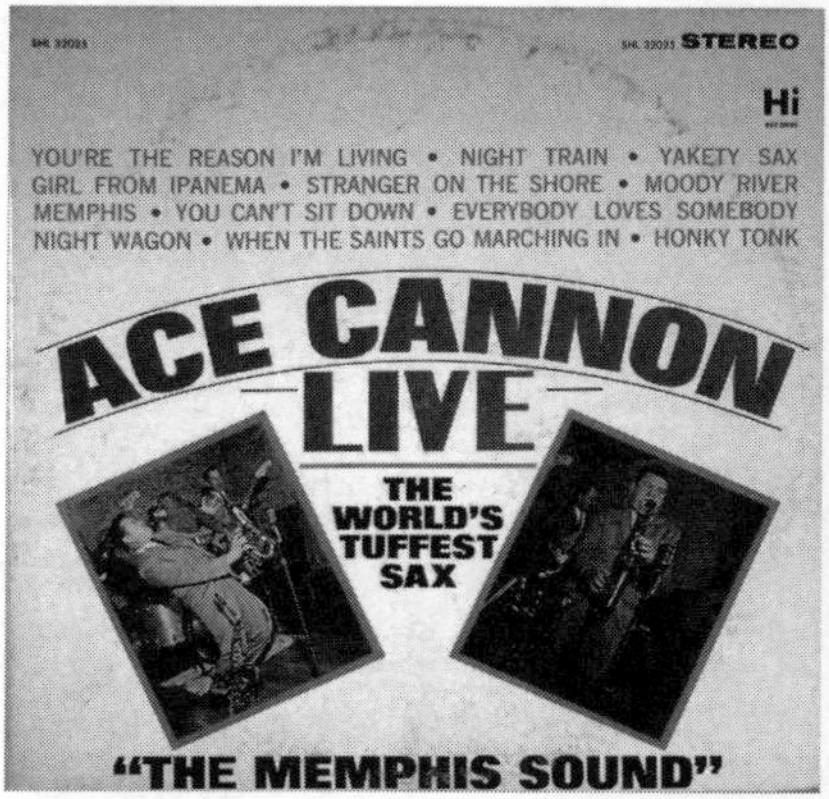

エース・キャノン・ライヴ。

れ、そのレーベルが68年まで続いたことをうかがわせている。

ところがモーマンはこうしたインディではどうにもならないことを思い知る。それはジェントリーズの成功でとっくに知っていたはずだ。つまり彼らの「キープ・オン・ダンシング」はMGMという大レーベルにリースされて初めて大ヒットしたのである。モーマンは当時飛ぶ鳥落とす勢いだったアトランティックとベルにそれを託すことを決意する。まず彼が働きかけたのはベルだった。マイアミのプロデューサー、パパ・ドンと組んでアメリカン・スタジオとそのミュージシャンを提供したのである。幸い長い語りで始まるオスカー・トニーの「フォー・ユア・プレシャス・ラヴ」は67年5月にはチャート入りし、4位まで上がるヒットとなった。その直後にはLP用の作品が録音されたことは先にも触れたとおりだ。そのすぐ後にはこの同じメンバーでジェイムス&ボビー・ピューリファイの2枚目のアルバムを制作している。この事実は同じベルの傘下にあったゴールドワックスを強く刺激したようだ。クイントン・クランチの要望で、チップス・モーマンはパーシー・マイレム、ジェイムス・カー、ウィ・ウィリー・ウォーカー、スペンサー・ウィギンスに続けて門戸を開ける。ゴールドワックスにおけるアメリカン・スタジオの歴史が67年秋いよいよ始まることになる。

根本的な誤り

ジェイムスの「ダーク・エンド・オブ・ザ・ストリート」の後どうなったのか。実はここでもミュージシャンの交代劇が始まっていた。クラレンス・ネルソンを含む全盛のゴールドワックス・サウンドから新たなゴールドワックス・サウンドへの移行はどのように行なわれたのだろうか。ここでピーター・グラルニックら欧米のライターの根本的な誤りに触れておきたい。彼らはわたしたちがゴールドワックス・サウンドと呼ぶものがあたかもアメリカン・スタジオの連中、たとえばレジー・ヤングの参加によってなされたとこともなげに書く。ところが今まで明らかにしてきたように、チップス・モーマンがアメリカン・スタジオのメンバーを固定し始めたのは67年に入ってからなのだ。ジェイムス・カーの「ラヴ・アタック」や「ポーリング・ウォーター・オン・ア・ドラウニング・マン」のヒット曲はむろん、その大半の作品は66年までに作られているから、それらの作品がアメリカンであるわけがない。オヴェイションズやスペンサー・ウィギンスも同様である。つまりレジー・ヤングが弾いているわけがない。にもかかわらず、欧米の連中はなぜこうした誤りをまき散らすのか。それは彼らがインタビュー、それも何十年もたった後のものに頼り過ぎ、基礎資料の精査という基本的なことを怠っているからだといいたい。そこには己の耳に対する自信のなさも潜んでいる。

ジェイムス・カーは「ダーク・エンド・オブ・ザ・ストリート」のヒットを放った後すぐに次のレコーディングに取りかかっている。それが「レット・イット・ハプン」「ア・ルージン・ゲーム」という2曲で、オリジナルLPに収録されなかったため彼の作品としてはあまり知られていないはずだ。これは323の番号で出され、A面は67年7月1日付で何とかチャート入りを果たした。彼の作品の中では際立ったものでないのにヒットしたのは前作のインパクトの強さが残っていたからだろう。実はそのちょうど同じ頃、アメリカン・スタジオでは非常に重要なレコーディングがなされていた。メンフィスのロック・バンド、ボックス・トップスの「ザ・レター」である。このレコーディングに関しては様々な証言が残されており、情報も多彩だ。要するにナッシュヴィルのウェイン・カーソンの書いた曲を録音するにあたり、そのスタジオが選ばれ、スタジオ・ミュージシャンのマイク・リーチも手を貸したというような話だ。カーソンはその前からメンフィスに拠点を移し、MGMからチップス・モーマンのプロデュースでシングルを出したりしていた。そのためこの曲がメンフィスのバンドによって取り上げられたのだろう。それはモーマンの関係していたベル系のマラから67年7月にリリースされるやすぐに動き出しポップ・チャートの首位を4週続ける大ヒットとなる。この資金を元にモーマンがスタジオ・ミュージシャンを活発化させたことは想像に難くない。つまり67年春の段階ではまだ彼らは眠りの中にいたのだ。その後オスカー・トニー、ジェイムス&ボビー・ピューリファイと順調にヒットが続くことで、彼らは頭角を現してゆく。

ジェイムス・カーの「レット・イット・ハプン」のレコーディングが成された67年の春はまさしくそうした時期で、まだアメリカン・スタジオのミュージシャンの態勢が整っていなかったと考えられる。そこでこの2曲は全く別のミュージシャンによって演奏された。クラレンス・ネルソンを含む初期ゴールドワックスのメンバーでもなければ、アメリカンの連中でもない、一体これは誰なのか、それは章を改めて検討することにして、ここではアメリカン・スタジオのメンバーの仕事ぶりを追っていくことにしよう。クランチが初めてアメリカン・スタジオ入りしたのは67年の秋、パーシー・マイレムのレコーディングの時だったと思われる。リトル・リチャードがヴィー・ジェイに残した「アイ・ドント・ノウ・ホワット・ユーヴ・ガット」のカヴァー曲だ。そのオリジナルはギターをジミ・ヘンドリクスが弾いているが、レジー・ヤングの控えめのギターもまたふさわしいものだった。続いてジェイムス・カーもアメリカン・スタジオ入りする。ニューオーリンズのベティ・ハリスを相方に選んだことで知られる「アイム・ア・フール・フォー・ユー」、「ア・マン・ニーズ・ア・ウーマン」が続いてチャート入りしたが、相変わらず曲を切り取る能力の高さには驚かされる。さらにウィ・ウィリー・ウォーカーとスペンサー・ウィギンスも続いたが、実を言うと、そのミュージシャンの参加がはっきりわかっているのはカントリー畑のジーニー・ニューマンの「ヒー・コールド・ミー・ベイビー」だけなのである。後はわれわれがその音から判断しているにすぎない。ジーニーのその曲はまさにアメリカン・スタジオの特徴がよく出た作品だった。レジー・ヤングのカントリー味の強い、しかしソウルフルなトーンはまさしくそうだ。だが「ア・マン・ニーズ・ア・ウーマン」やスペンサー・ウィギンスの「ザ・パワー・オブ・ア・ウーマン」「ザッツ・ハウ・マッチ・アイ・ラヴ・ユー」を聞いてみると、レジーのギターひとつを取ってみてもそのパワフルさに驚かされる。ひと頃日本のファンの間ではなぜこの時のレジーはかくも違うのか話題になったほどだ。ひとつはレジー・ヤングに対してクラレンス・ネルソンのように弾けとモーマンが要求したという話である。これだったら、この時のレジーがまさしくそうなのではないか、と。だがいまは彼がもうひとりの黒人ギタリストの強い影響を受けたことがよく知られている。ボビー・ウォマックである。果たしてそれはどの過程で生じたのか。

ゴールドワックスをアメリカンの存在が支配したのは番号で言うと、326番から333番までの間。それは67年の夏から68年初頭までの数カ月にすぎない。正直言ってクイントン・クランチ、ルドルフ・ラッセルらがそのサウンドを強く支持していたとはいい難い。クラレンス・ネルソンの起用が63年から66年まで、初期ゴールドワックス・サウンドが65年から66年一杯まで2年近く続いたことに比べたら何と短いことだろう。にもかかわらず欧米のライターはゴールドワックスがアメリカンの音に支配されてきたような流言を垂れ流してきているのだ。確かに彼らは大きな仕事をしてきている。そのひとつがアトランティックとの仕事だった。今度はそれを見ていこう。

アトランティックとの仕事

ウィルソン・ピケットがこのスタジオを初めて訪れたのは67年7月1日のことであった(*3)。それから数日の間に彼の代表曲のひとつが生まれた。「アイム・イン・ラヴ」がそれであり、それを含む同名のアルバムである。そのアルバムを起点としてアトランティックは有力な自社アーティストをそのスタジオに送り届け続けた。キング・カーティス、ドン・コヴェイ、ディー・ディー・シャープ、アーサー・コンレイ、スウィート・インスピレーションズ、ソロモン・バークといったアーティストがそれで、実際ヒット曲も多く生まれた。67年9月にはカーティスの「メンフィス・ソウル・スチュ」、68年3月にはスウィート・インスピレーションズの「スウィート・インスピレーション」、68年3月と6月にはアーサー・コンレイの「ファンキー・ストリート」と「ピープル・シュア・アクト・ファクトリー」、68年8月にはバークの「アイ・ウィッシュ・アイ・ニュー」、そして68年7月にはピケットの「アイム・ア・ミッドナイト・ムーヴァー」が好成績を収めるといった具合だ。ただしアトランティックではトム・ダウドやトミー・コグビルが制作に当たり、モーマンの名前は出てこない。トム・ダウドがアトランティック専属の優れたエンジニアだったので、モーマンの出番はなくなったと考えられる。しかも自己主張の強いモーマンがダウドとぶつからないためにも、コグビルが指揮を執ったのだろう。モーマンの役割は今でいうイグゼクティヴ・プロデューサーだったのではなかろうか。

トミー・コグビルやトム・ダウドにはモーマンやレジー・ヤングほどボビー・ウォマックの真価がわかっていなかったのかもしれない。なぜならウィルソン・ピケットが連れてきた彼をピケットのセッション以外では使っていないからだ。モーマンやレジーの最近の述懐からもわかるように、彼らはすぐにウォマックのギターの虜になった。それをよく示しているのが『アイム・イン・ラヴ』『ザ・ミッドナイト・ムーヴァー』という2枚のアルバムだ。特に「アイム・イン・ラヴ」ではレジーがボビーの太めのギターに応えて的確なリズム・ギターを披露し、時には引っ張りさえする。後者のアルバムに収録された68年4月のセッションではそれはさらに大胆となる。「リメンバー・アイ・ビーン・グッド・トゥ・ユー」ではボビーのギターにくっついて行きながら時にはリードを取り、そのプレイにはハッとさせられるほどだ。アメリカン・スタジオのアトランティックへの参入は成功だったのだろうか。確かに結果だけ見れば、半分は成功した。だが半分は失敗したとも言えるのである。ウィルソン・ピケットのアルバムが俄然光る中ではそう結論付けざるをえない。この後アトランティックの関心は再びマスル・ショールズに向けられ、さらにニューヨークやマイアミのクライテリア・スタジオに移ってしまう。

刺激を受けたふたり

67年にベルとアトランティックがアメリカンの音に積極的にコミットしたことは他のプロデューサーをも刺激したようだ。その代表的なふたりがナッシュヴィルのバディ・キレンとジョンRだった。キレンは自身の持つダイアルで、ジョー・テックスとほとんど二人三脚のようにやってきていた。そのやり方というのはちょっと変わっている。彼はジョーの意思を尊重し、ほとんどスタジオ・ミュージシャンは使わずに彼のロード・バンドを使ってレコーディングを続けている。出世作の「ホールド・ホワット・ユーヴ・ガット」もそうだし、それ以後のヒット曲もそうである。これはかなり珍しい。ところが67年9月になって彼はアメリカン・スタジオに行くことを決心し、そのミュージシャンを一部受け入れた。「スキニー・レッグス・アンド・オール」の誕生である。その後彼はこのスタジオで1枚のアルバムも作っている。

ジョン・Rの意図はもっと明確だった。彼が大事にするジョー・サイモンを大スターにするためにも、何としてもチップス・モーマンの力を借りたいというのだ。サイモンは既に65年に「レッツ・ドゥ・イット・オーヴァー」のヒット曲をフェイム・スタジオで作っている。ジョン・Rは彼を育てる過程で、地元ナッシュヴィルとフェイムを重視したが、そこでダン・ペンとチップス・モーマンの力を借りるようになる。それはオスカー・トニーやピケットが関わり始めた時期とほぼ同じである。その成果が「ナイン・パウンド・スティール」に実る。67年10月のヒットだった。やがてそのスタジオはメンフィスのアメリカンに移され、「ノー・サッド・ソングス」「ユー・キープ・ミー・ハンギン・オン」の代表作が生まれることになる。ジョン・Rはさらに自社のアーティスト、ロスコー・ロビンソン、エラ・ワシントン、サム・ベイカーを続けてアメリカン・スタジオに送っている。そのマトリックスやレコード番号から判断すると、いちばん最初はロスコーで、それは67年秋になされ、4曲の作品が録音された。「ホワイ・アー・ユー・アフレイド」「レット・ミー・ノウ」などの傑作を含むもので、モーマンは的確にウォマックを起用した。ロスコーがウォマックの友人ということもあったが、モーマンはウォマックのすばらしさを認識していた。続いてなされたのがエラのレコーディング。そこでは何とボビー・ウォマックの曲が取り上げられ、そのオケ・ヴァージョンと歌入りがカップリングで発売された。〝I Can't Afford To Lose Him〟(Sound Stage 7 2597)というのがそれで、これなどを聞くとモーマンやレジー・ヤングはじっとウォマックのギターを聞き入っていたのではないかと思えてくる。その影響はすぐに現われた。エラ・ワシントンの「ヒー・コールド・ミー・ベイビー」(番号はSS7 2621)のヒットである。このカントリー曲は彼らがゴールドワックスで既にジーニー・ニューマンのために録音していたものであったが、この時はまるで様相を変えている。ボビー・ウォマックは既にそのスタジオを去っており、レジーがリードを弾いた。そのギターはいななきまるでウォマックが乗り移ったかのようだ。レジー・ヤングの名演の1曲といっていいだろう。

アメリカンのメンバーはボビー・ウォマックのアルバム作りにも協力している。ミニットで出されたデビュー・アルバムの『フライ・ミー・トゥ・ザ・ムーン』がそれであり、そこにはプロデューサーとしてのモーマンの名前とおなじみの五人のミュージシャンの名前が記載されている。ただしベースはマイク・リーチが担当しており、トミー・コグビルは入っていない。彼はあくまでトム・ダウドらアトランティックに重宝されていたのだろう。ウォマックのギターはピケットの作品の時ほど自由で伸びやかではないが、ポイントはきちんと押さえている。このアルバムが作られたのが恐らく68年初頭から夏にかけて。だが大手から彼らのスタジオに対する関心は急に薄れていく。チップス・モーマンはある決断を下していた。

(＊1)『グローリーズ／スペシャル・シングルズ・フォー・ザ・グローリーズ〜デイト・ウィズ・フランキー・ギアリング』(ソニー MHCP 856)

(＊2) Howard Grimes 前掲書、P54

(＊3) 実はピケットの前にこのスタジオを訪れたアトランティックのシンガーがいたとされる。エスター・フィリップスである。『Memphis Boys』の作者はそれがアメリカンが使われた最初のものだとしている(P82)。だがアトランティックのファイルによれば、確かに彼女は67年4月15日にほぼこのメンバーで〝Cheater Man/I'm Sorry〟(Atlantic 2417)という作品を吹込んでいるものの、録音はマスル・ショールズだとしている。この時点ではまだそのスタジオは準備不足であったのではないか。しかもトミー・コグビルはアレンジャーとして参加し、ベースは代わりにマイク・リーチが弾いているし、ピアノを担当したのもダン・ペンだった。この直後に準備が整い、4月から5月にかけてオスカー・トニーが録音、いよいよこのスタジオの幕開きとなったのではないだろうか。

第7章
ハイ・サウンド

我関せず

67年の初頭はサザン・ソウルにとってひとつのターニング・ポイントとなった。アレサ・フランクリンがアトランティックと契約し、マスル・ショールズで最初のレコーディングに臨んだのは67年1月24日のことだった。「貴方だけを愛して」の誕生は確実に世界の音楽に静かな変革をもたらした。その直後3月から4月にかけてはヨーロッパ各地で大々的なスタックス＝ヴォルト・レヴューが開かれている。ジェイムス・カーの「ダーク・エンド・オブ・ザ・ストリート」のレコーディングも恐らく66年12月か67年1月のことだ。前章で述べたように、アメリカン・スタジオが態勢を整え、飛躍を遂げたのも67年春から夏にかけてのことである。メンフィスを中心とするレーベルやミュージシャンが大きく動き出し、変容を被る中にあってこの時期我関せずとばかりに独自の道を歩み、刃を研ぎ澄ませていた集団がある。ウィリー・ミッチェルのハイ・レコードである。彼は相変わらず自分のバンドを率い、ひたすらそれを磨くことに専心していた。その点ではスタックスも同じだったというべきかもしれない。それまでの黒人ばかりでなく、ヨーロッパにまで多くの共鳴者を生んでいたにもかかわらず、MGズ主体のリズム・セクションは変えていなかったからだ。バーケイズという次の時代を担う集団が台頭していたとはいえ。

とはいうものの、ウィリーが理想とするハイ・リズムという集団はまだ完成を見ていなかった。日本ではハイ・サウンドとして知られる独自のスタイルが完成したのは早く見積もっても68年、さらにアル・グリーンやアン・ピープルズが登場してからと言って差し支えないだろう。ではその核を担うハイ・リズムはどうやって出来上がったのだろう。そのメンバーは3人のホッジス兄弟、つまりギターのメイボン（ティーニー）、ベースのリロイ、キーボードのチャールズに加え、ドラムスのハワード・グライムスといわれる。後にはキーボードとしてアーチー・ターナーも加わった。われわれはこのメンバーが長く活動してきたことを知っているので、ずっとこのメンバーでやってきたと思いがちだが、実はこの四人あるいは五人が一気にまとまったわけではないのだ。その加入年月日はひとりずつ違っていたと考えた方がいい。では誰が最初にハイのメンバーとなったのだろうか。

第3章で触れたように最初にミッチェル・バンド入りしたのはベースのリロイ・ホッジスだった。彼は長兄で43年に生まれていた。既にハイ・スクールの頃からミッチェルのバンドに出入りしており、実際にプレイしたのは64年の「20－75」ではないかとも書いた。それでもまだ20歳になったかならないくらいの若さである。続いて加入したのが45年生まれのティーニーだった。だが彼はギタリストという性格上ウィリー・バンド以外のセッションにもたびたび呼ばれ、単独でも行動していたようだ。たとえば64年のダニー・ホワイトのセッションで彼がギターを弾いたことはその一例である。続いて加入したのが一番下のチャールズで、47年の生まれということからむしろ当然と言える。そして一番遅かったのが、ハワード・グライムスであり、彼の言葉を信じれば「わたしのハイにおける最初のレコーディングはキング・カーティスの〝ソウル・セレネード〟のウィリー・ミッチェル・ヴァージョンだよ。そこではチャールズ・チャルマーズがサックスでリードを取っている。彼は後にローズ=チャルマーズ=ローズというバックアップ・シンガーのひとりになっている」（＊1）「ソウル・セレネード」は68年1月15日にリリースされ、ミッチェルのインストとしては久々にチャートを捕え、彼最大のヒット曲となっている。これが本当であるならば、グライムスは67年の末までハイに所属していなかったことになる。これは一体どういうことであろうか。改めてハイ・リズムの成り立ちを追ってみよう。

リロイ・ホッジスとティーニー・ホッジス。

紆余曲折

リロイとティーニーが最初に入ったバンドはインパラスといった。他にはウィリー・ミッチェルの義理の息子であるアーチー・ターナーも所属しており、その兄弟であるホーレスもいたという。ジミー・リードが町にやってきた時には彼のバックを担当、それが何よりの楽しみだったが、他にもジェイムス・ブラウンやハンク・バラード、さらにはメジャー・ランスなどいわば有名なシンガーの作品を演奏するようなバンドであり、60年代初めにはどこにでもいたバンドだったのだろう。リロイが目指すのは何といってもモータウンのジェイムス・ジェマーソンだった。一方のティーニーはアール・バンクスというブルース・ギタリストの教えを受けていた。アールはアール・ザ・パールの名でも知られ、ブルー・ドッツというバンドを組んでいたが、そのバンドにはベースがいなかったので、アールの後をついてティーニーが2本目のギターを弾くというスタイルを取っていた。他の情報ではベースはジェイムス・エドワード・トーマスといい、そのバンド写真も残されている。だが当時はレコードを作らなかったことは確かなようだ。ずっと後の90年に〝Your Mind Is Snapping/You Got Too Much Cool In Your Blood〟(Sebg 26715) というレコードを出しているが、ティーニーの先生としての面影はわずかに感じられる程度のものだった。ウィリーに誘われると、既にそこには何年もキャリアを積んだレジー・ヤングが控えていた。ティーニーはギターを親指でピックしていたので、ウィリーはレジーのようにフラット・ピックで弾くように指示したという。彼は見よう見まねで彼を追ったが、そのうちにレジーとは明らかに区別できる個性的なスタイルが生まれていた。日本に来た彼はわたしにクラレンス・ネルソンのことを〝アーリー・インフルエンス〟と語ってくれたが、フェイヴァリット・ギタリストにはレジー・ヤングの名前を挙げていたものだ。彼は最初のレコーディングがケリー・ブラザーズとのものであるとも語っていたが、これは記憶違いのようだ。このグループとは少なくとも67年までは一緒にやっていないはずだ。

もうひとりのチャールズも続いてアール・バンクスのブルー・ドッツ入りを果たしたが、それはまだ14歳の時だったというから、63年くらいの話だろう。その後彼はO・V・ライトのツアー・バンドに加わっているが、その理由がふるっている。彼のバンドにはご存知ギタリストのメルヴィン・カーターがリーダーとして控えていたが、彼はしばしばサボってライヴをすっぽかしてしまうので困ったO・Vがチャールズに声をかけたというのだ。彼はO・Vのほとんどの曲のキーをただちに答え、採用されたという。

そして最後に加わったのがドラマーのハワード・グライムスだった。既に明らかにしてきたようにミッチェル・バンドの前任者はサミー・クリーソンだった。アル・ジャクソンがMGズに去った後ビル・ブラックス・コンボにいたジェリー・アーノルドやクリーソンがその穴を埋めたことは第3章で詳しく見てきた通りだ。ところがここにやっかいなことがある。その交替は決してスムースに進んだわけではなく、グライムスがレギュラー・ドラマーに収まるまでに紆余曲折があった。それにはハイに残された作品にじかに当たってみるのが手っ取り早いだろう。確かにウィリー・ミッチェル名義の作品だけ見ていると、グライムスの参加は「ソウル・セレナード」の頃までなかったように見える。だがそのバンドの一角を担ったドン・ブライアントの場合はどうなのか。彼はMOCでフォー・キングスのシングルを2枚作った後、いよいよソロ・デビューを果たそうとしていた。そのデビュー作"I Like It Like That/My Baby"(Hi 2087)は65年1月10日にリリースされている。この時期ヴォルトのオーティス・レディングがいよいよ脂にのり、ヒット曲を連発するようになっていた。その前年躓きはあったが、O・V・ライトもデビューを果たしていた。ウィリーがその波に乗り遅れまいと考えたことは想像に難くない。とはいえ、A面はクリス・ケナーのヒット曲のカヴァー、「マイ・ベイビー」もオリジナルとはいえ、同じようなリズム・ナンバーだった。バラードで勝負していたオーティスやO・Vとは違ったやり方である。恐らくそれはフォー・キングスのスタイルを踏襲したものだったのだろう。だが大きな違いもあった。リロイ・ホッジスとティーニー・ホッジスが既に参加していたことである。そのメリハリのはっきりしたサウンドは明らかに後のハイに通ずる。ほとんどリズムに徹するティーニーのギターはレジー・ヤングと一線を画し、ハイのスタイルを先取りしている。チャールズはまだ参加しておらず、それはボビー・エモンズが担当しただろう。

深い信頼

このメンバーだからドラマーはグライムスだと以前は信じ切っていた。また第3章では当時のレギュラー・ドラマーはサミー・クリーソンであることも示唆しておいた。ところがこのピタリと決まるそのスタイルはグライムスに通ずるのだ。迷った末ある時ひらめいた。このドラマーはアル・ジャクソンに他ならないことに。スタイルは酷似しているがそのドラミングはよりソリッドである。またサミー・クリーソンのスタイルとは違い、第一うますぎる。恐らくミッチェルはブライアントのソロ・デビューという大事なレコーディングに当たり、アル・ジャクソンをもう一度呼び戻したのだろう。このメンバーではミッチェルの〝That Driving Beat/Everything Is Gonna Be Alright〟(Hi 2097) も録音され、ここでもドンの歌がフィーチャーされた。このシングル盤のリリースが65年10月8日。その年の夏にはウィルソン・ピケットの「イン・ザ・ミッドナイト・アワー」が大ヒットし、いよいよメンフィス・ソウル、それもスタックス・サウンドが大きな話題になり始めていた。オーティス・レディングの「愛しすぎて」や「リスペクト」も同じ頃のヒット曲だ。ウィリー・ミッチェルはそれを見て、アル・ジャクソンを使うしかないと思ったに違いない。「ミッドナイト・アワー」のようなグルーヴを生むのにはアルはまさに不可欠な人物だった。

ドン・ブライアントの2枚目のシングル〝Don't Turn Your Back On Me/Star Of Love〟(同2095)は65年8月5日には既に出されていたが、通常のメンバーに戻されていた。スタイルもオーティスを意識したバラードとなり、カントリーの色合いを感じさせるギターをレジー・ヤングが披露している。ドラムスはサミー・クリーソン、ベースはマイク・リーチ、キーボードはボビー・エモンズという顔ぶれだったろう。

66年に入ってもミッチェルはなおもアル・ジャクソンの起用にこだわったようだ。ところが彼は既にスタックスのレギュラー・メンバーだったので、簡単に起用はできない。そこでアルバム用のレコーディングにはサミー・クリーソンを使い、ここぞという時にアルを呼んだようだ。66年にミッチェルは『ドライヴィング・ビート』と『イッツ・ホワッツ・ハプニン』という2枚のアルバムをリリースしているが、シングル用に吹込まれた先の2曲(Hi 2097)以外ではアルは使っておらず、すべてサミー・クリーソンがたたいたようだ。だがウィリーが可愛がるドン・ブライアントは別だった。2枚目のシングルが不発に終わると、彼は再びブライアントのためにアル・ジャクソンを呼んだ。そこで作られたのが初期の傑作「アイル・ドゥ・ザ・ベスト」「ザ・ロンリー・ソールジャー」といった力の入ったバラードである(＊2)。B面のジャンプ・ナンバーにもアルの力は漲り、すばらしいというほかない。これなどを聞くとウィリー・ミッチェルほどアル・ジャクソンのことを信頼し、また理解していた人はいないように思える。ホッジス兄弟との息はぴったり合い、スタックスとはまた違う珠玉の作品、サウンドが生まれている。

ザ・ビート登場！！！

66年には有名なテレビ・フィルム『ザ・ビート』の収録も行なわれた。その第24回目にウィリー・ミッチェルのバンドとシンガーたちが登場する。この番組はその年の3月に始まっているので、66年の初夏には録画されていたのではないだろうか。実際そこに登場するひとり、ビッグ・エイモスの「ヒー・ウォント・バイト・ミー・トゥワイス」はハイから66年6月6日にリリースされたばかりのほやほやの作品だった。このエイモス・パットンはかのチャーリー・パットンと血のつながりがあるブルースマンで、ハープを吹く。だがこの録音は実際の生ではなくレコードの音そのものだった。レコードではホッジス兄弟は揃っていたかもしれないが、ドラマーはグライムスではない。では誰か。白人のサミー・クリーソンだったと考えられる。ところがフィルムでは黒人ドラマーが映っているのだ。その顔はハワード・グライムスのようには思えない。ここでまた謎は深まる。当時のウィリー・バンドにはアル・ジャクソン以外の黒人ドラマーはいなかったと考えるのが今までの流れからの帰結となる。だがミッチェルのバンド・ミュージシャンとして紹介されるのは黒人ドラマーなのだ。

その24回目のフィルムを改めてじっくり観察してみよう。ウィリー関係者が出演するのは12曲中8曲である。ところが細心の注意を払って観ていると、3曲は完全にレコードの音から取られていることがわかった。先のビッグ・エイモスのほかに、ウィリー・バンドのインスト「ステックス・アンド・ストーンズ」「20－75」がレコードそのものである。だがほかの4曲のインストはすべて生の演奏であった。チャールズ・ホッジスの手の動きを見てほしい。実際にオルガンに向かって弾いているのがわかるだろう。つまりティーニー・ホッジスとフレッド・フォードがビート・ボーイズをバックにプレイした「ナイト・トレイン」に加え、「ヒッチ・ハイク」を含む3曲のインストが実際にプレイされている。当時ミッチェル・バンドにはフィーチャリング・シンガーとして他にヴェニース・スタークスとドン・ブライアントがいたので、歌入りの作品も披露された。前者が歌うのが「アイ・ゲット・エヴリシング・ヒー・ニーズ」、後者が歌うのが「スウィート・ベイビー・トーク」である。ちょっと詳しいソウル・マニアならこの2曲はレコードで聞き覚えがないと言うだろう。確かにレコードにはなっていない。ところが前者はデトロイトのリー・ロジャースが「ソック・サム・ラヴ・パワー・トゥ・ミー」として出した作品のバック・トラックに別の歌詞の歌を被せたものであった。また後者も同じくリー・ロジャースの歌った同名の曲のバック・トラックを背にブライアント自身が力唱したものである。ちなみに2曲とも作者はブライアントだった。

つまりこの日の歌にはすべてレコードのバック・トラックかレコードがそのまま使われており、本物のライヴ演奏は存在しない。だが3曲のインストは実際にウィリー・ミッチェルのバンドが演奏し、黒人ドラマーがたたいているのが確認できるのだ。これがハワード・グライムスでないとしたら、一体誰なのか。

ジーン・ミラーのマーキュリーとの提携

この66年、ハワード・グライムスは一体何をやっていたのだろうか。実は当時はまだ彼はジーン・ミラーのバンドのレギュラー・ドラマーのままだったのである。そのバンドが66年にゴールドワックスとの契約を終えると、早速ふたつのレーベルが動き出した。マーキュリーとデッカである。まずジーン・ミラーが提携を結んだのはマーキュリーだった。マーキュリーはシカゴのレーベルとして大きな成功を収めていたが、当時台頭するメンフィス・ソウルには全く手を打てないでいた。そこでメンフィスのもうひとりの大物ジーン・ミラーとアーティストおよびプロダクション契約することによって、マーキュリーはサザン・ソウルという新たな宝を手にすることになる。

ミラーの最初の仕事はジュニア・パーカーとマージー・ヘンドリックスを手掛けることだった。前者はニューヨークのボビー・ロビンソンにプロデュースを委ねたが、ミラーは自分のバンドを提供し、アレンジを担当している。その最初の録音は66年8月16日になされ、4曲が吹込まれた。その時の様子をハワード・グライムスは次のように記述している。

「カーラ・トーマスの〝ジー・ウィズ〟をロイヤル・スタジオでレコーディングした後、わたしの次のセッションは66年になされた。ボーレッグス・ミラーはマーキュリーのリトル・ジュニア・パーカーを録音するためにわたしをそこに連れて行った。わたしはジュークボックスでジュニア・パーカーの〝アニー・ゲット・ユア・ヨーヨー〟とかそんな曲を聞いていた。まさかその彼とレコーディングするなんて。（中略）〝ジャスト・ライク・ア・フィッシュ〟とかそんな曲。彼とはアルバム1枚分はやったな。一緒にやるのは大変じゃなかったし、彼も傲慢なところはなかったよ」（＊3）

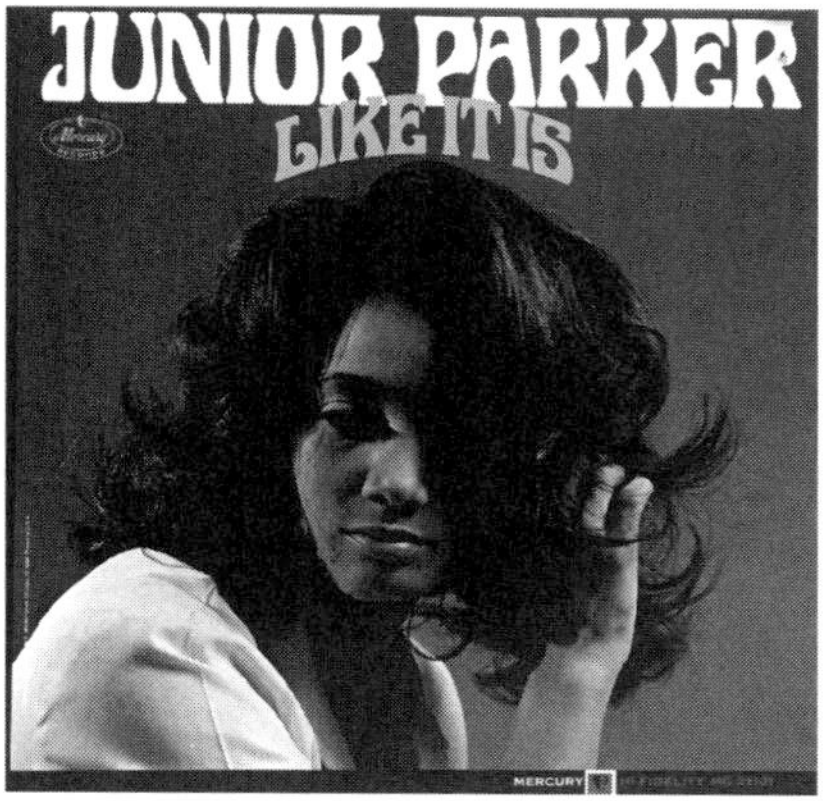

Jジュニア・パーカーの『Like It Is』（Mercury 61101）。全曲ジーン・ミラーがプロデュースし、彼のバンドがバックを付けた。

ロイヤル・スタジオ、すなわちハイのスタジオ入りしたのは60年以来66年までなかったと言うのだ。この記憶は信じていいだろう（＊4）。そのレコーディングは67年まで続き、確かにアルバムになっている。そのパーソネルは94年に発刊された『Blues Records』に載せられている。だが残念なことにそれはほとんど間違いと言わなければならない（＊5）。彼らは先に挙げた『ブルース・アンリミテッド』の記事をそのまま信用し、次のようなメンバーを引っ張ってきている。つまりレジー・ヤング、マイク・リーチ、サム・クリーソンらを含む60年代中期のウィリー・ミッチェル・バンドのメンバーである。だがこの当時ジーン・ミラーは全く別のバンド・メンバーを擁していた。ドラムスはむろんグライムス、ベースはフロッグことクリーヴ・シアーズが担当した。キーボードはジェシー・バトラーだった。では一体ギターは誰が弾いているのか。レジー・ヤングは既にウィリー・ミッチェルのバンドを抜け、トミー・コグビルらスカイライターズとの共闘を強めていたことは既に前章で触れた。レジーのはずはないのだ。66年11月のセッションではさらに7曲が追加されたが、そこに2本のギターが入っているものが認められる。「カントリー・ガール」「ユー・キャント・メイク・イット・イフ・ユー・トライ」「ウィッシュ・ミー・ウェル」である。主にリードを取るのはトロイである。特にその特徴が現われているのがリトル・ウィリー・ジョンのカヴァー「カントリー・ガール」である。ブルース出身であるだけに基本は外していないものの、いかにも弱いという印象は変わらない。一方他の2曲ではティーニー・ホッジスらしい太いフレーズが散見される。特に「ヘイ・

ローディ・ママ」の途中から参入してくるギターや「カム・バック・ベイビー」の頭から突っ込んでくるギターはまさしくティーニーというほかないだろう。こうして改めて最初のセッションで録音された4曲に耳を傾けてみると、次のようなことがわかる。

リード・ギターはティーニー・ホッジスであり、リズム・ギターはトロイであると。特に件の「ジャスト・ライク・ア・フィッシュ」に注目すると、まさにふたりの分担がよくわかる。トロイは本来のセカンド・ギタリストとしての役目を全うしているといえよう。面白いことにこの時のセッション・メンバーはすべて愛称で呼ばれていた。フロッグ、スプーキー、ブルドッグ、ティーニー、トロイ、そしてボウレッグスなどなどである。こうしたことがかえってディスコグラファーを悩ませ、誤った結論を導いてしまったと言えるのかもしれない。

パーカーに続いたのはマージー・ヘンドリックスだった。実は彼女はパーカーより前にマーキュリーの一員となっており、既に2枚のレコードを発表していた。彼女を手掛けていたブー・フレイジャーはジャズ界の大御所ディジー・ガレスピーのいとことして知られ、シカゴのレーベルを中心に活動していた。その彼が彼女をメンフィスに送ることを決断する。そのレコーディングは66年から67年にかけて2度行なわれ少なくとも6曲、3枚のシングルとなって登場した。マージーといえばレイ・チャールズのバック・コーラス、レイレッツの出身、「ザ・ライト・タイム」でのレイとの掛け合いはあまりに有名である。それだけ優遇する理由はあったわけである。全体的に生硬な作りが目立つが、「レストレス」や「ワン・ルーム・パラダイス」では後のハイ・サウンドにつながる良さを見せている。それは日本でも大変有名なアーティストまで及んでいた。後にソウル・チルドレンを結成するノーマン・ウェストである。特に珍重がられる〝Let Them Talk/Miss Personality〟(Smasn 2100)がそれだけの価値あるものであることをわたしは否定しない。

　この流れの中で決定的なアルバムが作られた。マーキュリーのメンフィス・サウンドを支えてきたそのバンドがアルバムを発表したのである。リーダーはオルガニストのジェシー・バトラーだった。『Memphis Soul』(Philips 600-245)と題されたそのアルバムはMGズやミッチェル・バンドに後れを取ってきたジェシーやジーン・ミラーのせめてもの反撃だったろう。だが多大な資金を投入してきたにもかかわらず、チャートをかすめたのはジュニア・パーカーの「アイ・キャント・プット・マイ・フィンガーズ・オン・イット」のみ。67年ほどなくして彼らは撤退、マーキュリーもメンフィス・ソウルに関心を示さなくなる。

スプーキーことジェシ・バトラーの唯一のアルバム
『Memphis Soul』(Philips 600-245)。

デッカとの仕事

ジーン・ミラーのバンドが次に関わったのがニューヨークの大レーベル、デッカだった。デッカはメンフィス・ソウルばかりかソウル・ミュージックにすら強いレーベルとは思われていない。だがその一方でブランズウィックというR&Bに強いレーベルを持っていたが、その制作などはほとんど別個に行なわれていた。だが60年代中期、デッカはミュージシャンだったジョー・メドリンを中心としてR&Bの分野に着々と歩を進めていた。66年の時点でデッカには有力なR&Bアーティストがふたりいた。レイ・スコットとグラディス・タイラーである。レイもグラディスもニューヨークをベースとするシンガーだったが、サザン・ソウル的なアプローチを志向していた。レイはウォルター・スプリッグスという名前でも知られるヴェテラン・アーティストで、実際50年代にはアトコでもレコーディングを経験していた。60年代に入るとどういうわけかレイ・スコットを名乗るようになり、その名にちなんだバンド、スコッツメンを結成している。一方グラディスはディープで力のあるシンガーだった。デッカはまずそのスコッツメンとグラディスを組み合わせることを考え、それをバックにレコードを発表した。レイ自身もそれに続いたが、特に「ライト・ナウ」はサザン・ソウルの強い影響を受けた傑作ジャンプとして知られる。こうしたキャラクターからデッカはそのふたりをメンフィスに送りこむことを決める。受け入れたのはここでもジーン・ミラーだった。そのきっかけはダニー・ホワイトがデッカと契約したことにある。そもそもニューオーリンズのシンガーであった彼はフリスコ時代からメンフィス録音を始め、アイザック・ヘイズが腕をふるったことは既に触れた。今度はジーン・ミラーの番だった。その録音は66年の10月頃になされ、4曲が音に収められ2枚のシングルとなって世に出た。いずれも傑作として知られるもので、音が躍っている。そのうちの1曲「クラックト・アップ・オーヴァー・ユー」は奇しくも同年ジュニア・パーカーが8月のセッションで録音したばかりの曲だった。だがそのサウンドはよりダイナミックに、そしてより精緻なものに仕上がっていた。一体何があったのか。ドラムスは同じくハワード・グライムスである。だがギターは1本で、ティーニー・ホッジスだけだった。切れ味は増し、全盛期につながる輝きを見せ始めている。キーボードはジェシー・バトラーではなく、既にチャールズ・ホッジスが入っていただろう。問題はベースだが、これはフロッグではなくリロイ・ホッジスだったような気がする。つまりハイ・リズムの四人が揃ったのだ。いやハイ・リズムという言い方は不適切かもしれない。なぜならこの四人のメンバーが全員揃った形ではハイでの録音を経験していなかったからだ。

ダニー・ホワイトに続きデビー・テイラー、レイ・スコット、グラディス・タイラーがその同じスタジオに入る。デビーの「ザ・ラスト・ラーフ・イズ・オン・ザ・ブルース」、レイの「キャント・ゲット・オーヴァー・ルージング・ユー」、グラディスの「ザット・マン・オブ・マイン」

がいずれもバラードとなるが、ベースだけはリロイ・ホッジスではなくてフロッグであったかもしれない。これが67年の春くらいまでの話。デッカのメンフィス・サウンドは68年になっても続き、ジーン・ミラーに代わってウィリー・ミッチェル自身が指揮を執っている。トニー・アシュレーやレイヨンズの作品が生まれた時代で、それはまた別の話となる。

他にもこの頃、つまり66年から67年初めにかけてのハワード・グライムスのレコーディングは確認されている。ひとつはメンフィスの大ヴェテラン、ロスコー・ゴードンとのレコーディングだ。さしもの大ヴェテランもこの時代にはさすがに影は薄くなり、ニューヨークのレー・コックスやカーラといったレーベルと散発的に契約せざるを得なかった。その時プロデュースを買って出たのがジーン・ミラー。「アイ・リアリー・ラヴ・ユー」(＊6)ではまさにハイ・サウンドに酷似したサウンドが聞かれる。ドラマーのハワードはむろんギターのティーニー・ホッジスが地味ながら実に冴えている。ベースはフロッグ、キーボードはジェシー・バトラーだったろう。

ゴールドワックスでもこの間を縫って意外なことにハワードらが起用されたのだ。つまり「ザ・ダーク・エンド・オブ・ザ・ストリート」のヒットが生まれた後、67年初頭にゴールドワックスは今一度ジーン・ミラーのバンドに声をかけた。クラレンス・ネルソンのバンドが去り、アメリカン・スタジオもまだ準備が整わない時期のいわば応急措置だった。つまり前章で触れたジェイムス・カーの「レット・イット・ハプン」「ア・ルージング・ゲーム」という2曲である。そこではまだ答えを明かさなかったが、このバックこそジーン・ミラーのバンド、つまりハワード・グライムス、フロッグ、スプーキーらによる演奏だった。ギターはティーニーが担当している。そしてもう1曲決定的な作品がこのメンバーから生まれた。スペンサー・ウィギンスの「アップ・タイト・グッド・ウーマン」である。実際日本に来たグライムスはこの曲だけはバックをやったことを覚えていた。この厳かな傑作がこのメンバーから生まれたのも決して偶然ではない（＊7）。

広がった知見

ハワード・グライムスは67年マーキュリーやデッカの録音に付き合うと、意外なところからのオファーを受けた。古くからの知己であるチップス・モーマンがある白人グループへの参加を呼び掛けてきたのである。モーマンは64年にバーバラ＆ザ・ブラウンズのレコーディングで彼を使っていたが、その後は別々の行動を取っていた。セッションの仕事は多くあるものの、これといった業績を挙げていなかった彼に一花咲かせてやろうと考えたのかもしれない。それはフラッシュ＆ザ・ボード・オブ・ダイレクターズというロック・グループだった。フラッシュはフライシュマンという難しい名前の男で、グライムスに是非バンドでたたいてくれと頼んできた。67年といえば確かにロックが前面に出ていた時代である。それも悪くないだろうとグライムスも考え、そ

れまでとは違った広範なクラブ周りで、彼の知見にも幅ができたのかもしれない。彼らには「ビジー・シグナル」というソウルっぽい作品があるが、このドラマーがグライムスに思えてならない。

グライムスがクラブ周りから戻り、食事がてらにノース・メンフィスのハーレム・ハウスというレストランにいた時だった。夜遅くジュークボックスから流れるウィリー・ミッチェルの音楽を初めて聞いたという。非常に気に入り、名前を確かめると、確かにウィリー・ミッチェルとある。彼はジュークボックスからその名前を選び出し、自分でも小銭を入れて聞き入ることになる。

この話を信ずれば、グライムスはウィリー・ミッチェルのフィルムの存在を67年まで知らないことになり、それは俄かには信じがたい。つまり『ザ・ビート』のフィルムに駆り出されたとしたら、既に66年には知っていたはずなのだ。やはりそのフィルムのドラマーは別人というのが正しいのだろう。恐らく彼はその前にウィリー・バンドの正式なメンバーになったことはなく、名前を強く意識するようになったのがその67年だったということかもしれない。セッションでしばしば共にしているティーニーがやってきて、ウィリーに推薦してくれることになった。ハワード・グライムスの方は今度はポール・リヴィア&ザ・レイダーズとのツアーが待っていたが、その合間のレコーディングなら何とかなる。グライムスは正式にミッチェル・バンドの一員となる。

ウィリー・ミッチェルとの結びつき

ウィリー・ミッチェルがハワード・グライムスを使ってレコーディングした最初のものは一体何なのか。ここでもなおハイの作品ではないというのだ。グライムスの話を聞いてみよう。

「わたしがロイヤル・スタジオでハイ・リズム・セクションと初めてプレイしたセッションはハイ・レコードのものじゃない。デューク、ピーコック、バック・ビートを持っていたドン・ロビーがやってきてO・V・ライトという名のシンガーをレコーディングしたわけさ」（＊8）

その作品がまさしくO・V・ライトの「エイト・メン、フォー・ウィミン」だった。この時から彼はグライムスにとって仕事をした中での最高のシンガーとなってゆく。この曲は67年の4月にはチャートに入り、彼としては最高のヒット曲ともなった。ただし歌詞にユニークさはあったものの、彼の曲としては珍しくマイナー調で、魅力が全開したとは言い難い。「ザッツ・ハウ・ストロング・マイ・ラヴ・イズ」のときめくような曲構成に比べれば、平凡と言えないこともなかった。だがこの曲を皮切りとして、O・Vは次々とハイ・サウンドの名作を送り届けることになる。その後10年以上に渡ってこのサウンドで曲を作り続けるわけだから、それは驚異というほかない。彼が実績を積み上げたことによって、デュークのアーティストは次々とロイヤルに送りこまれた。彼のギタリストでもあったメルヴィン・カーター、ミニー・エパーソン、バディ・ランプ、そして大御所のボビー・ブランドといったところである。ただしウィリー・ミッチェルはグライムスがいないときにはサミー・クリーソンを使っていたようだ。それについては次章で触れることにしよう。

ウィリー・ミッチェルが所属していたハイでもこれで振るい立たないわけはなかったろう。67年の秋ハイ・レコードにおける初めてのハイ・リズムによるレコーディングが行なわれた。彼らはウィリー・ミッチェルによるバンド演奏と、ドン・ブライアントのバック演奏をほぼ同時期に行なっている。ミッチェルの演奏ものとしてはグライムスが最初のレコーディングと記憶している「ソウル・セレナード」に加え、「オー・ベイビー・ユー・ターン・ミー・オン」、さらに「ソウル・フィンガー」などアルバム用の作品も録音されたはずだ。一方ブライアントが歌ったのは「ゼアズ・サムシング・オン・ユア・マインド」というR&Bスタンダードのカヴァーだった。このうち年内には「オー・ベイビー・ユー・ターン・オン・ミー」(レコード番号はHi 2132)、「ゼアズ・サムシング・オン・ユア・マインド」(レコード番号はHi 2135) が立て続けにリリースされたが、結果は思わしくなかった。ブライアントの方はソロになって既に7枚目のものになっていたが、まだ芽は出なかった。だが音楽自体はハイ・リズムの完成によって安定していた。

ウィリー・ミッチェルはその中から「ソウル・セレナード」(レコード番号はHi 2140) を選んで発売するや68年3月にはチャート入りし、彼らとしては最大のヒット曲となる。ミッチェルもこれで報われた気持ちになったことだろう。70年代の全盛につながる条件はすべて揃ったが、試練はまだ続いていた。

（＊1）Howard Grimes 前掲書、P66

（＊2）〝I'll Do The Rest/The Glory Of Love〟(Hi 2104)，〝The Lonely Soldier/Coming On Strong〟(同2114) がそのよく知られたレコードとなる。ところが、実際は最初のシングルにはB面として〝Bound By Love〟が組まれ、その後で差し替えられたようだ。ただしそのシングルにも〝The Glory Of Love〟が入っており、その幻の曲の存在は不明だ。

（＊3）Howard Grimes 前掲書、P58〜59

（＊4）ただしハワード・グライムスは64年にダニー・ホワイトのフリスコ・セッションでロイヤル・スタジオに入っているので、6年ぶりのロイヤル入りというわけではない。ただそのセッションは彼にとってほとんど記憶のない印象の薄いものだったのだろう。

（＊5）『Blues Records 1943-1970』Vol.2, p.345

（＊6）〝Goin' To A Party/I Really Love You〟(Rae Cox 1002) と〝Just A Little Bit/I Really Love You〟(Calla 145) がその2枚のシングルとなる。

（＊7）ジェイムスのレコード番号が323、スペンサーのレコード番号が321である。ただしスペンサーのB面曲「エニーシング・ユー・ドゥ・イズ・オーライト」は古い録音から取られ、クラレンス・ネルソン他、例のメンバーが担当している。

（＊8）Howard Grimes 前掲書、P66

第8章

ドラマーXの謎

依然と残る謎

前章ではハイ・サウンドの成り立ちに四苦八苦してきたが、60年代のソウル・ミュージックにはなぜこれほどの謎が多いのだろう。それは音楽業界の成り立ちそのものに理由があった。個々の作品は守られ、その作品がレコードになる場合は作者に印税が支払われるので、必ず作者の記載があった。それを保管するパブリッシャーの記載も同様にあった。ところがミュージシャンはむろんプロデューサーにはそうしたシステムはないので、古いレコードにはプロデューサーの名前すら書いていないものがたくさんある。ましてやミュージシャンは最初の契約段階で払えばそれまでなので、60年代のアルバム時代になってもミュージシャンの名前が書いていないものがほとんどだった。ハイがウィリー・ミッチェルのバンドによって演奏されているとわかったところで、セッションごとにミュージシャンが変わることがあることをわれわれは学んだ。メンフィスを代表するもうひとつのレーベル、スタックスの場合はミュージシャンの名前は明白だと思うかもしれない。だが実はスタックスにそのデータが残っていたわけではないのだ。その90%近くがMGズとマーキーズによって演奏されていたために、おおよその見当がついていただけのことである。実際ベースがいつルイ・スタインバーグからダック・ダンに変わったのか、アイザック・ヘイズがどのセッションから参加し始めたのかなどについてはいくつかの異論がある。

第5章ではゴールドワックスについて詳しく見てきたが、わたしがゴールドワックス・サウンドと呼ぶミュージシャンの正体はまだ完全には解明されていない。日本ではクラレンス・ネルソンの名前が先行したため、ゴールドワックス・サウンド＝クラレンス・ネルソンのギターと思われがちだが、わたしはそれに加えベースとドラムスの絶妙なバランスこそその生命だと感じてきた。そのベースを担当したのはフロッグことクリーヴ・シアーズだったが、ドラムスを担当したのは一体誰だったのか。それは依然謎として残っている。それをXとして語ってきたが、そのXとは何者なのか、それが本章のテーマとなる。そのサウンドは67年の5、6月頃まで続きそのレーベルから姿を消す。代わりにクイントン・クランチとルドルフ・ラッセルはアメリカン・スタジオに助けを求め、さらにマスル・ショールズへと力点を移していく。

姿を消したサウンド

なぜゴールドワックス・サウンドは突如姿を消したのだろうか。徐々に売り上げが下がり、それを回復させるためにもバックを変えるというのは音楽界では常套手段だった。それが大きな理由の一つだろうと考えていたが、改めてメンフィス・ソウルの歴史を丹念に追ってみると、この67年の初めはサザン・ソウルにとっても大きな転換点にあったことに気がついた。つまり前章で見たように、その頃ジーン・ミラーのバンド・ドラマーだったハワード・グライムスがウィリー・ミッチェル・バンドの一員となり、ジーン・ミラーは事実上ミッチェル・バンドに吸収されてしまう。その時点でミッチェル・バンドの四人、つまりレジー・ヤング、マイク・リーチ、ボビー・エモンズ、サミー・クリーソンは決断を迫られていた。結局最初の三人はトミー・コグビルおよびチップス・モーマンと合流し、アメリカン・スタジオのメンバーとなったことは第6章で触れた。それはまさにゴールドワックス・サウンドの終焉と重なっている。では残る一人サミー・クリーソンはどうしたのか。彼はウィリー・ミッチェルともチップス・モーマンとも距離を置き、全く別の活動を始めていた。こうしたことがすべて同じ時期、つまり67年初めから初夏にかけて起きているのである。クリーソンに声をかけてきたのはサックス奏者のジョー・アーノルドだった。ジョー・アーノルドはマーキーズの一員としてウェイン・ジャクソン、アンドリュ・ラヴと一緒にヨーロッパに渡ったミュージシャンとして知られる。だがマーキーズのメンバーとして活動することになったのはずっと後のことだった。『スタックス・レコード物語』によれば、彼がマーキー・ホーンズに参加したのはオーティス・レディングの「アイ・キャント・ターン・ユー・ルーズ」の頃だとされている（＊1）。それによればそのセッション、つまり65年11月にジーン・パーカーが精神的に不安定になったため彼が代わりに入ったというのだ。ただし公式のディスコグラフィーによると、ジョー・アーノルドの名前が登場するのは67年初頭のオーティス＆カーラのレコーディングの時とされる。いずれにせよ1年に満たない活動でのマーキーズへの参加だったと考えられる。

ところがヨーロッパ・ツアーからしばらくして彼はその待遇に不満を抱き、マーキーズを去る。その彼に声をかけてきたのがメンフィスでリン・ルー・スタジオを経営するラリー・ロジャースだった。リン・ルーはアメリカン・スタジオよりはるかに歴史のあるスタジオで、60年には始動していた。ゴールドワックスもサン・スタジオ、ロイヤル・スタジオのほかこのスタジオも借りることがあった。この二人はメンフィスで何とも不思議な魅力を放つシンガーに出会った。不思議というのはジェイムス・カー、スペンサー・ウィギンスのようなアグレッシブさをまるで持たないシンガーだったからだ。その名をマーヴィン・プレイヤーと言った。彼らは早速レコーディングに臨み、ヤンガーというメンフィスでも誰も知らないようなレーベルからリリースした。〝What Can I Call My Own/It's Coming To Me〟(Younger 51354)という日本では絶大な人気を誇る1枚である。このレコードはいつどのようなメンバーによってレコーディングされたのだろうか。

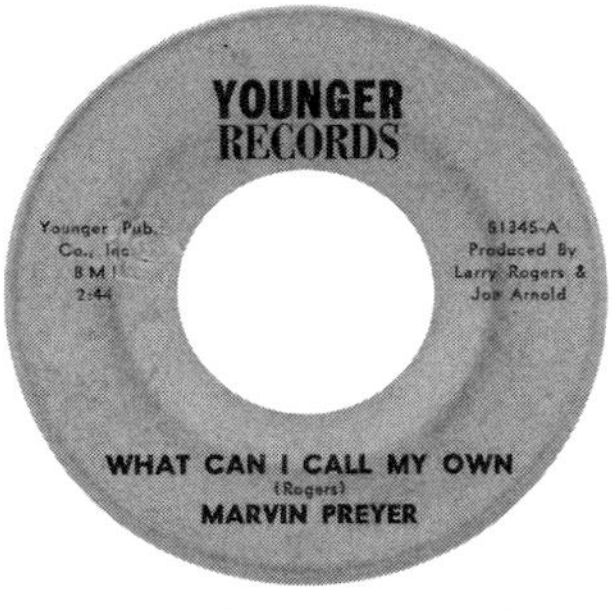

マーヴィン・プレイヤーのヤンガー盤。

ジョー・アーノルドはよく知るサミー・クリーソンに声を

かけた。すると彼は旧ゴールドワックスのメンバー、すなわちクラレンス・ネルソン、フロッグ、そして恐らくスプーキーらを集めた。クリーソンはヤングスタウンのフランシン・カーのレコーディングの時にクラレンス・ネルソンとはレコーディングを経験していた。まさにゴールドワックスに近いサウンドでそれはなされたわけだ。マーヴィンの飲み込むような唱法は特にA面のバラードでは威力を発揮し、胸が熱くなるような作品に仕上がっている。何よりもクラレンスのギターがマーヴィンの歌に寄り添うかのようになでるように優しくついていく姿には言葉が出ない。まさに最高のギタリストと言うほかないではないか。恐らくその曲はメンフィス界隈では評判になったのだろう。しばらくしてジェイムス・カーがアメリカン・スタジオで吹込み直していることからもそれはわかる。

ではそれはいつ録音されたのか。ジョー・アーノルドがマーキーズを辞めたのが67年初め、またハワード・グライムスがウィリー・ミッチェル・バンドのレギュラー・ドラマーに収まり、クリーソンが用済みになったのがやはり67年初めということから推して、67年の夏か秋のレコーディングではなかろうか。このレコードには意外やニューヨークのワンドが興味を示してきた。その頃ワンドはマスカレイダーズ、L・C・クックと立て続けにアメリカン・スタジオの作品をリリースしており、メンフィス・ソウルに多大な関心を示していた。そのレコードは68年その続き番号でワンドからもリリースされる（レコード番号はWand 1173）。続けてワンドはジョー・アーノルドの〝Soul Trippin'/Share Your Love With Me〟(同1175)、マーヴィン・プレイヤーの〝Don't Stop Loving Me This Time/Climbing Up To Love〟(同1181)をさらに送り込み、その関心の高さを示している。サミー・クリーソン自身が書いた「ソウル・トリッピン」では中盤になってクラレンスがようやく登場する。いつもながらのドキドキするような見事なプレイだ。だが圧巻なのは先のバラードの続編ともいうべき「ドント・ストップ・ラヴィング・ミー・ディス・タイム」の方だろう。こうした他に例を見ない魅力的なシンガーが2枚だけで姿を消してしまったとは!

証言の嘘

ラリー・ロジャースは、この後決定的な作品に関わることになる。ジェイムス・カーの「フリーダム・トレイ

ラリー・ロジャースと組んだジョー・アーノルドのレコード。

ジェイムス・カーの「フリーダム・トレイン」は Larry Rogers が Carl Wells, Steve Bogard と書いた。

ン」である。ラリーは自分のスタジオにこの高名なシンガーを呼ぶにあたり、ジョー・アーノルドとサミー・クリーソンにも声をかけたに違いない(*2)。ちょうどキング牧師が暗殺されたばかりで、この上ないタイミングでのレコーディングだった。カー自身の歌にも力が入り、彼のアップ・テンポ・ナンバーでは、屈指の傑作となった。68年の年末にはチャートを捉え、小ヒットながら存在感を示している。ところでそのミュージシャンはどんなメンバーだったのか。恐らくサミー・クリーソン以下ワンドのメンバーが集められたが、既にクラレンス・ネルソンはおらず、代わりにティーニー・ホッジスが切れのあるリズムを刻んでいるように思える。

こうした流れからすると、サミー・クリーソンこそドラマーXではないかと思われる人がいるかもしれないが、それはまずあり得ない。ドラミングが決定的に違うことのほかにも、クリーソンは67年まではウィリー・ミッチェルのバンド・ドラマーであり続けたのだから、その同じ時期にゴールドワックスでもやるわけがない。実はこの後の活動の方が彼はよく知られているのである。それはディキシー・フライヤーズという音楽集団の結成だった。それはこれらの作品の後、すなわち69年のことだったと考えられる。バンドの根はメンフィスにあったが、彼らはむしろメンフィスの外に出て成功したバンドだった。ソウル・ファンの間ではアレサ・フランクリンの「ドント・プレイ・ザット・ソング」の名演奏が頭にこびりついて離れないが、彼らはその前にもリタ・クーリッジやトニー・ジョー・ホワイト、さらには日本のグループ、テンプターズのバックまで務めていた。その彼らがジェイムス・カーのバックも演奏していたというのだ。

その『ブルース＆ソウル』誌に載った記事を見てみよう。

「彼らはジェイムス・カーとオヴェイションズのためにゴールドワックス・レコードで仕事をした。『わたしは〝ダーク・エンド・オブ・ザ・ストリート〟でやったけど、なにも払ってもらえなかったよ』まさしくゴールドワックスの立場を示す言葉ではないか」（＊3）

こう語っているのは恐らくメンバーのひとり、チャーリー・フリーマンだ。だがこれはおかしくはないか。そのヒットは67年の頭である。彼らはまだ結成されていなかったのではないか。ここでも自分の記憶をいい方に捻じ曲げてしまう〝証言の嘘〟に突き当たる。今一度その記事を整理してみよう。

16 BLUES & SOUL 61

THE DIXIE FLYERS

THE GUYS BEHIND THE HITS

THE FIRST real opportunity that R&B fans had to know of the Dixie Flyers collectively was when they turned up on Aretha's "Spirit In The Dark/Don't Play That Song" album. At the time Aretha was quoted as saying that the Flyers were one of the best groups of musicians that she had ever encountered.

Since that time, the Flyers have done a lot of work with Atlantic as well as branching out to other companies. But, prior to becoming the Dixie Flyers, the quartet had provided the instrumental backing to numerous hit records, both as individuals and as a group.

They were in Britain during May and appeared in concert as back-up group to Rita Coolidge and Marc Benno and we had the opportunity to meet with the group, Charlie Freeman, Tommy McClure, Sammy Creason and Mike Utley.

[TOGETHER FOR TEN YEARS]

Although the group has only been in existence for slightly more than a year as the Dixie Flyers, the four have been playing together for ten years off and on. Charlie and Tommy were together with the Mar-keys whilst Sammy and Mike worked with the Bill Black Combo both prior to and during the past ten years. In actual fact, Charlie cites January 15, 1970, as the first time that the Dixie Flyers existed, when the quartet went to Miami to record with Taj Mahal. Shortly after these sessions, the Dixie Flyers were asked to record with Aretha Franklin in Miami on the sessions that produced "Spirit In The Dark" and "Don't Play That Song".

"It was a great thrill to be working with Aretha. Up until then, she had been working mostly with musicians in New York and it was her first time recording in Miami," explained Charlie. "But it wasn't a difficult session. I think we were all a little nervous on the first night but once things evened out, it was a great session. The first thing we put down was the Frank Sinatra song, "My Way", but I don't think it has

(Left to right): Mike, Charlie, Tommy and Sammy

ディキシー・フライヤーズのメンバー。『Blues & Soul』誌より。

四人のリズム・セクション

よく知られているようにディキシー・フライヤーズは四人から成るリズム・セクションだった。つまりギターがチャーリー・フリーマン、ベースがトミー・マックルーア、キーボードがマイク・アトリー、そしてドラムスがサミー・クリーソンである、先の記事によるとチャーリーとトミーはマーキーズ、マイクとサミーはビル・ブラックス・コンボにいたとされる。そこでチャーリーは70年1月15日に活動を開始し、タジ・マハールのバックを務めたと語っている。だがそれならばゴールドワックス云々は一体どうなるのか。さらに69年にレコーディングされたものは？　次から次へと疑問が湧いてくる。

チャーリー・フリーマンがマーキーズのメンバーだったというのは本当である。彼はスティーヴ・クロッパーやダック・ダンと共に創設メンバーのひとりだったが、早くに辞め、エディ・キャッシュ、ジェリー・リー・ルイス、そしてビル・ブラックらとツアーに出ていた。その関係からウィリー・ミッチェルとも顔見知りとなり、ウエスト・メンフィスのコットン・クラブで共演することもあった。「ウィリーはメンフィスにいたすべてに影響を与えた」（＊4）と彼も述べている。だがウィリーの作品でチャーリーが弾いているものは確認できず、それはあくまでクラブ内での話だったのだろう。

マイク・アタリーはアーカンソーの出身で、ビル・ブラックス・コンボへの参加は65年の7月だったと言っている。またトミー・マックルーアはマーキーズの後にはエイス・キャノンのバンドに加わっている。だが最重要人物はここでもクリーソンということになる。その記事によれば、彼はハイのために多くの時間を割いていたが、その他にもボビー・ブランド、ジュニア・パーカー、アイク&ティナ・ターナーとも仕事をしたとあるのだ。これは一体何のことだろうか。わたしはこの記事を読んですぐにひらめいた。ボビー・ブランドの屈指の名曲「ア・タッチ・オブ・ザ・ブルース」がまさにクリーソンのドラムスではないか、と。彼は67年2月14日にロイヤル・スタジオに入り、この曲の他に「セット・ミー・フリー」「シューズ」を録音したが、その時のドラマーがまさしくクリーソンであった。ウィリー・ミッチェルはハイ・リズムの他の三人は揃えられたが、グライムスはまだレギュラー・メンバーとなっておらず、代わりにクリーソンがたたいたのではないか。その静謐な音とティーニーのギターとの絡みは芸術品である。わたしは当時ヒットした頃からその曲におののき、数百回は耳にしてきたが、グライムスの感触とは違うといつも感じてきた。そのことはそのアルバムのライナーでも触れている。上に挙げた他の2曲でそれは一層明らかになる。ドラミングが明らかにグライムスとは違い、先のワンド録音と共通しているのだ。だがO・V・ライトが契約した同じ頃にはハイ・リズムは揃い、グライムスが任を務めた。

ウィリー・ミッチェルは早くからメンフィス以外の地域の音楽にも目を凝らし、そのひとつとしてデトロイトに着目していた。ウィールズヴィルではリー・ロジャースとバディ・ランプの録音を手伝い、サミー・クリーソンを起用している。その最初の1枚がリーの〝Cracked Up Over You〟（Wheelville 118）だが、これはデッカ録音のダニー・ホワイトのバック・トラックのテープを若干早回しして使いまわしたものだ。ところが続く〝Love Can Really Hurt You Deep/Love For A Love〟（同 121）や〝Sweet Baby Talk〟（Premium Stuff 4）、〝Sock Some Love Power To Me〟（同6）、さらにバディ・ランプの〝Confusion〟（Wheelsville 120）ではクリーソンのドラムスが確認できる。彼は当時そのバンドのレギャラー・ドラマーだったのだから何の不思議もない。つまりこれらはグライムス参加前の66年の録音と推測できる。

さて先の記事で挙げられていたジュニア・パーカーの場合はどうなのだろう。わたしは前章で『Blues Records』の記載が間違っているとして、サミー・クリーソンの名前をハワード・グライムスに置き換えたばかりだ。だがこれにはからくりがある。つまりパーカーの66年のセッションではジーン・ミラーのバンドが使われ、確かにハワード・グライムスが入っていたが、67年の3回目のセッションではジーン・ミラーのバンドはウィリー・バンドに吸収され、そのバンド・ドラマーであるクリーソンが使われたのである。その時録音されたのは「アイ・キャント・プット・マイ・フィンガーズ・オン・イット」など4曲だった。またアイク&ティナの場合は有名なミニット録音ではなく、ポンペイに残されたいくつかの曲を指しているのだろう。

解かれた謎

サミー・クリーソンの経歴を詳細に探ることによって先の記事にぼろが出るというのがわたしの読みであった。ではディキシー・フライヤーズは本当にゴールドワックスのセッションに参加していなかったのか。わたしはその事実だけは真であると考えジェイムス・カーのレコーディングを徹底的に掘り下げてみた。その結果あるレコードにその痕跡を認めた。それはジェイムスにとって最後の作品、つまり〝Row, Row Your Boat/Everybody Needs Somebody〟(Goldwax 343)である。特にB面でリードを取るギターは他のゴールドワックス・セッションには見られないものので、確かにチャーリー・フリーマンのようである。彼が言っていたその作品とはこのシングルだったのか！　これで彼の証言の嘘の一端が明らかになったわけだ。それにしてもこのシングルは彼の作品の中でも一番評価が低いものであり、クリーソンも「フリーダム・トレイン」やワンド・セッションで見せた輝きはない。結局彼らはメンフィスを後にしてフロリダなどで初めて輝くことになる。

さてクリーソンのキャリアを丹念に追ってきて問題のドラマーXは99％彼ではないということはわかった。ではその正体とは一体誰なのか。何度も書いているようにわたしはその追求に40年以上を費やした。そしてある結論に達したのである。

それはあるレコードを偶然目にした時に始まった。ノーマン・ウェストの〝Words Won't Say/What Kind Of Spell〟（Smash 2123）というシングル盤である。古くから愛聴していたシングルではあったが、そこに記されていたクリーヴ・シアーズの名前に目が止まった。これはかのジーン・ミラーのバンドにいたベーシストではないか。おもむろにそのシングル盤を聞き直してみると、まさにゴールドワックスで聞き親しんできたベースとドラムスの音が聞こえてきた。ただしクラレンス・ネルソンは既にいない。もう一度シングル盤を見てみると、プロデューサーとしてシアーズと並んでカーティス・ジョンソンの名前があった。Ｂ面にはC.Johnson-C.Shears-J.Butlerの作者クレジットがあった。最後の名前はキーボードのジェシー・バトラーのことである。であるならば、カーティス・ジョンソンとはそのドラマーのことではないかと考えたのである。つまり三人のリズム・セクションの名前が記載されている。

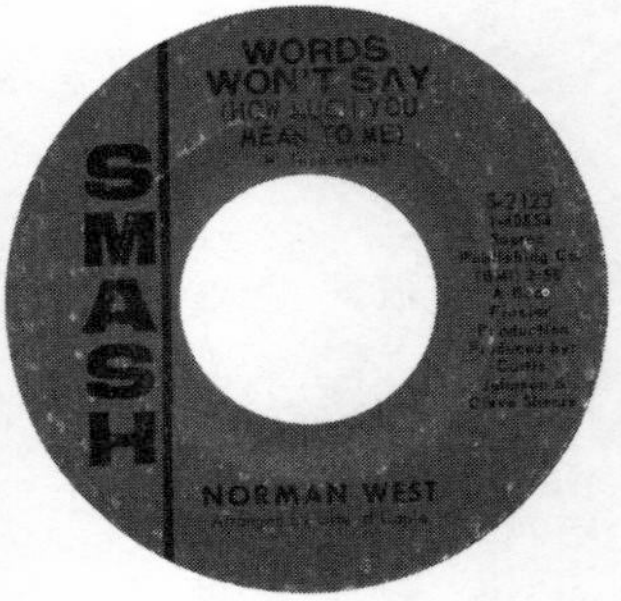

ノーマン・ウェストの“Words Won't Say”。このレコードがドラマーＸの正体を解く手がかりとなった。

混同

猛烈にカーティス・ジョンソンの名前を調べ始めた。だがすぐに壁にぶち当たった。日本にも来たノーマン・ウェストらにその名前を聞いてみたが彼らはすべてアスターズのメンバーとしてしか記憶していなかった。無理もない。同じ頃メンフィスにはカーティス・ジョンソンという歌手兼ミュージシャンが確かに存在したのである（＊5）。彼に関しては『スタックス・レコード物語』でも詳しい。つまり65年に「キャンディ」というヒット曲を放ったアスターズのリード・シンガーがまさしくカーティスだった。だがそのロブ・ボウマンでさえノーマン・ウェストをプロデュースした同名の人物と完全に混同している。それが誤りであることはすぐに証明できる。皮肉にもそれは彼が解説を担当した『コンプリート・スタックス・シングルズ』を丹念に見ればわかることなのだ。つまり、彼らの最後のシングル「ダディ・ディドント・テル・ミー」は67年9月7日にリリー

もうひとりいたメンフィスのカーティス・ジョンソンが在籍したBrothers UnlimitedのLP。

スされている。そこでボウマンはこれが2年ぶりの録音だったことも書いている。ところがスマッシュのノーマン・ウェストのシングルは67年半ばには出されている。一介のヴォーカル・グループの一員がほぼ同じ時期にこんなプロデュースをするはずがない。

幸いアスターズのカーティスのキャリアは詳しくわかっている。彼はその後ブラザーズ・アンリミテッドというヴォーカル&インスト・グループのメンバーとなり、70年に『Who's For The Young』(Capitol 600) というアルバムを発表している。彼はそこで当然歌を担当しているが、ベースなど楽器も習得していたようだ。そこには弟のハロルド・ジョンソンも在籍していていたが、その彼も一時はアスターズで歌っていたことがある。70年代末には兄弟でCQCズというグループも作っている。つまりこのカーティス・ジョンソンはここで問題とするカーティスとは全く接点がなく、完全な別人なのだ。

ではクリーヴ・シアーズとコンビを組んでいたカーティスとはどんな人物なのだろう。そのファースト・ネイムを85年に来日したオヴェイションズのビリー(ウィリー)・ヤングが記憶していた。その時のインタビューは当時の『ソウル・オン』に載っているので再掲しよう。

SO（『Soul On』誌） オヴェイションズとして最初に吹込んだ曲はなんでしたか。

BY（ビリー・ヤング） "It's Wonderful To Be In Love" でした。

SO Goldwax レコードのミュージシャンについて質問したいのです。覚えていますか。

BY ジーン・ミラーのバンドでした。ギターはクラレンス・ネルソン、ドラムスはカーティス。ラスト・ネームは忘れました。ベースはクリーヴ・シアーズ、ジーンはトランペット。あとは忘れました。（＊6）

ここで語られているカーティスという名前に注目してほしい。まさしくこれがカーティス・ジョンソンのことと考えられる。そして彼こそドラマーXなのではないかという結論に達したのである。他のミュージシャンの名前が正確なことからこの証言には信憑性があると考えていいだろう。そう信じたわたしは今一度そのキャリアを徹底的に調べてみることにした。それがメンフィスの隠されたソウル・シーンを明かす突破口になると信じて（＊7）。

荒波に向かうドラマー

今のところ判明しているその最も古い録音はゴールドワックスのリリックスのためのレコーディングだったと考えられる。つまりゴールドワックスが63年に始動した時、そのバックを務めたのがカーティス・ジョンソンだった。彼はリリックスが連れていたバンド・ドラマーだったたのだろう。彼らはその2年前にメンフィスのファーンウッドからデビューし、さらにミッド・サウスで作品を重ねていた。〝Crying Over You/Down In The Valley〟(Mid-South 1500)というのがそれで、この時に既にカーティス・ジョンソンが参加していた。「クライング・オーヴァー・ユー」はパーシー・マイレムにとって思い出深いものだったようで、ゴールドワックス時代にも再録している。63年にゴールドワックスと契約すると、そこにベン・ブランチのバンドを辞めたクラレンス・ネルソンが加わった。さらに64年ジーン・ミラーのバンドがやはりゴールドワックスと契約するや、そこでベースを弾いていたクリーヴ・シアーズが加わり、あのゴールドワックス・サウンドはほぼ完成する。だがカーティス・ジョンソンはその前には何をやっていたのだろうか。

　そこからまた探求が始まった。まず言えることはカーティス・ジョンソンはアル・ジャクソンやハワード・グライムスらとごく身近にいたドラマーであったということである。そこで一気に60年代初期に引き戻してみよう。ウィリー・ミッチェルのバンドがホーム・オブ・ザ・ブルースのハウス・バンドとなり、ジーン・ミラーのバンドやベン・ブランチのバンドがようやくデビュー

ドラマーのカーティス・ジョンソンが参加した最も初期の作品のひとつ。リリックスのMid-Southのシングル。

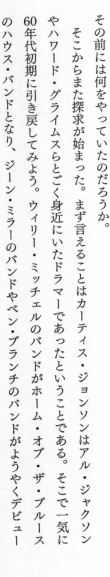

を果たしていた時代である。その頃ジーン・ミラーのバンドがデビューしたのはザブ（Zab）というレーベルだった。そこから出された「ワン・モア・タイム」はヴィー・ジェイの気を引き、そのレーベルからも出されたが、そのドラマーがアル・ジャクソンであったことはハワード・グライムスの証言によって明らかになった。それはアルの得意とするクロール・ビートの典型であった。グライムスはそのアルを引き継ぎジーン・ミラーのバンド・ドラマーとなる。ところが同じ時代ザブにはチャールズ・ジェイムスというメンフィスのブルース・シンガーが在籍していた。そのバンドはどのような編成だったのだろうか。

チャールズ・ジェイムスの正体は不明だが、2枚のレコードの存在は確認されている。つまり〝Thief In The Night/Rockin' Chair〟（Zab 102）、〝One Mint Julep/Please Wait〟（同 103）がジーン・ミラーの2枚のレコードに挟まれるかのようにリリースされた。だがそのタイトルからも想像がつくように、彼のスタイルは新しい時代を切り開こうとするミラーのバンドとは全く対照的で、50年代のブルース／R&Bスタイルにこだわり続けていた。これをミラーのバンドが引き受けたとは到底思えないのだ。「ワン・ミント・ジュレップ」は同じ頃ウィリー・ミッチェルのバンドも得意としていたが、そのアプローチは大きく違っている。ミッチェルの方が「グリーン・オニオンズ」の登場を予感させるオルガン・プレイとアルのドラミングで彩られているのに対して、チャールズの方はオリジナルのクローヴァーズ以上にドラムスは大胆に動き回り、時にトロピカルなムードさえ漂わせる。これがとてもアル・ジャクソンやハワード・グライムスのスティックから生まれたとは思えないのだ。このドラマーがまさしくカーティス・ジョンソンだったのではなかろうか。

そもそもスタックス・サウンドやハイ・サウンドの屋台骨となったアル・ジャクソンやハワード・グライムスが正確なリズム・キープを目指したのに対して、ゴールドワックスのドラマーには荒波に向かって舵を取る船乗りのような趣があった。それがあのゴールドワックス・サウンドのうねりを生んだのである。スローでオーソドックスに迫った他の3曲でも時に大胆に向かっていく姿はゴールドワックス時代の片鱗を見せつけてくれる。その後前述したようにリリックスのドラムスを担当した彼は、ゴールドワックス創設と共にそのレーベルのハウス・ドラマーのような役割を果たした。ギターのクラレンス・ネルソン、ベースのクリーヴ・シアーズ、時にはキーボードのティミー・トーマスが加わった〝ゴールドワックス・サウンド〟が67年初頭までに創り上げた数々の珠玉の作品については第5章で多くを語ったはずだ。

そのサウンド、特にジェイムス・カーが作りあげた諸作品はナッシュヴィルにいたホス・アレンの耳にも当然届いていた。彼は66年自身が抱えていたロジャー・マーティンことロッジ・マーティンをメンフィスのスタジオに送りこんでいる。彼は序文でも触れたように、O・V・ライトの「ザッツ・ハウ・ストロング・マイ・ラヴ・イズ」を〝ザ・ビート〟で歌っていたことからもわかるように、O・V・ライトやジェイムス・カーの動向をチェックするような〝ゴールドワックス・マニア〟だったのではないか。曲自体はナッシュヴィルで用意し、キャロリン・ヴェガ、アーリン・ミラーといったカントリー・ソウルのライターに依頼しているが、メンフィスのスタジオに赴くや、まさに二人の後を追う純粋なサザン・ソウル・シンガーの姿が現われた。66年3月にいよいよ〝When She Touches Me/Lovin Machine〟(Bragg 227)を地元ナッシュヴィルのレーベルから発表するや、南部を中心に評判を呼ぶことになる。まさにゴールドワックス・サウンドであり、ドラムスのカーティス、ベースのフロッグの間を縫うように爆発するクラレンス・ネルソンのギターがたまらないほどだ。ただしキーボードはジェシー・バトラーが担当していただろう。彼はなおもニューワークの2枚の作品でそのサウンドを追及したが、その年つまり67年にあえなく急死してしまう。ゴールドワックス・サウンドをあの世に道連れにするかのように。

精鋭たちのその後

ゴールドワックス・サウンドを形作った精鋭たちはその後どうしたのだろうか。一番はっきりしているのがティミー・トーマスである。彼はその後もゴールドワックスの契約アーティストとして残り、作品も発表していたが、1~2年後にはマイアミに移り、「ホワイ・キャント・ウィ・

リヴ・トゥゲザー」で見事に復活する。クラレンス・ネルソンはジョー・アーノルドおよびサミー・クリーソンと組み直した。カーティス・ジョンソンはベースのクリーヴ・シアーズ、ティミーが抜けた穴を埋めるべくオルガンのジェシー・バトラーと三人でコンビを組んだ。彼らはジーン・ミラーのバンドを引き継ぎ、マーキュリーでの仕事に携わっていく。

この三人が67年中頃まず手掛けたのは意外やボビー・ヘブのフィリップスの作品だった。「サニー」の大ヒットの後、運に恵まれなかった彼に対してマーキュリーはこの三人をプロデュースにあてがったわけだ。それが〝Bound By Love/Everything Is Coming Up Roses〟(Philips 40482)という作品だった。この「バウンド・バイ・ラヴ」という曲はそもそもドン・ブライアントのために用意されていた曲で、それは「アイル・ドゥ・ザ・レスト」のB面として出される予定だった。ところが発売の直前になって差し替えられ、「グローリー・オブ・ラヴ」がB面となった(*8)。

続いてこの三人が手掛けたのがヘレン・デイヴィスという全く無名のシンガーだった。〝That's My Man/Tomorrow Night〟(Philips 40489)ではカーティス自らがA面でペンを執ったが、確かにゴールドワックスに通ずる力強さがあった。そしてこの後に手掛けたのが、先に触れたノーマン・ウェストの「ワーズ・ウォント・セイ」。クラレンス・ネルソンが入っていないことを除けばまさにゴールドワックス・サウンドといっても差し支えない。だが結果の出せない彼らはマーキュリーから契約を切られてしまうことになる。67年の夏頃のことであった。

その後この三人はどうしたのだろうか。それについては改めて触れることにして、カーティス・ジョンソンが参加した他の作品にも触れておこう。実はハイの作品にカーティス・ジョンソンが参加しているものがある。そのセッションは67年初頭になされ、3月3日には市場に出回っていた。ゴールドワックスとの契約が切れたジーン・ミラーは新しくハイとの契約を結ぶ上で、そのすべてをウィリー・ミッチェルから委ねられていた。すなわちウィリーの子飼いともいうべきドン・ブライアントのプロデュースをするにあたってウィリーは一切手を出さずに、すべてがジーン・ミラーに任されたのである。ミラーはベースに彼との付き合いが長いクリーヴ・シアーズを選び、ドラマーには当時ゴールドワックスから解放されたカーティス・ジョンソンを選んだのである。ただしギターにはティーニー・ホッジス、ピアノにはチャールズ・ホッジスが選ばれただろう。その1枚はジーン・ミラーの〝The Goodest Man/Sho Is Good〟(Hi 2121)として、もう1枚はドン・ブライアントの〝Doing The Mustang/The Call Of Distress〟(Hi 2122)として同じ日に発売されている。だが「グッディスト・マン」を歌っているのは実質的にドン・ブライアントで、それに絡むのがクリーヴ・シアーズだった。

このレコードを最後にカーティス・ジョンソンはハイからも姿を消す。いよいよハイ・リズムの完成が迫っていた。

（＊1）『スタックス・レコード物語』P140〜141

（＊2）70年版の『Billboard 1970 International Directory Of Recording Studios』には確かにリン・ルー・スタジオの作品としてこの曲が載っている。原盤は〝Freedom Train / That's The Way Love Turned Out For Me〟(Goldwax 338) というもの。ところが謎の多いレコードで、リン・ルーでは1曲しかレコーディングされなかったようなのだ。B面は恐らくマスル・ショールズの録音で、わたしはフェイム・ギャングがバックを務めたと考えている。

（＊3）〝The Dixie Flyers〜The Guys Behind Hits〟(Blues & Soul No.61)、71年6月11日〜24日

（＊4）前掲雑誌、P17

（＊5）サイトのDiscogsを参照してみると、確かにメンフィスのアーティストとしてカーティス・ジョンソンの名前が出てくる。しかも顔写真入りで。だがそれはアスターズのカーティスのことであり、完全に混同してしまっている。

（＊6）『ソウル・オン』第148号（85年5月）。実はわたしも別の日にオヴェイションズのルイス・ウィリアムスとナザニエル・ルイスにインタビューを行なったが、ビリー・ヤングは風邪とかで出て来られなかった。この二人にもわたしは同じような質問をしたがドラマーの名前は語られなかった。

（＊7）もう1冊貴重な資料がある。83年に出版されたEdward〝Prince Gabe〟Kirby『From Africa To Beale Street』(Lubin Press) である。ビール・ストリートを中心にずっと活動してきた彼が、その思いや経歴をまとめたものである。貴重なのは10章に挙げられた〝Musicians & Entertainers by instruments〜Other Popular Beale Streeters〟というリストである。すなわちビール・ストリートで活動していたミュージシャンやシンガーを楽器別に並べたもので、知らない名前もたくさん出てくる。たとえばベース・プレイヤーのコーナーにはルイ・スタインバーグ、リロイ・ホッジス、クリーヴ・シアーズといった名前は出てくるが、むろんダック・ダン、トミー・コグビルといった白人の名前は出てこない。ドラマーの項には58人の名前がリスト・アップされている。だがどういうわけか、ルーファス・トーマスの名前がこの項にも入っており、「ラスト・ナイト」でたたいたとされるカーティス・グリーンやカーティス・ジョンソンの名前は見当たらないのだ。ただしカーティス・ジョンソンの名前はギター・プレイヤーの項に出てくる。その信憑性がいかほどのものかわからないので、本著作では参考にしつつも引用は避けた。

（＊8）このシングル盤 Hi 2104には二種類存在するが、残念ながら〝Bound By Love〟と記載されているものも中身は〝Glory Of Love〟に置き換えられている。

第9章

オーティス・レディングはメンフィス・ソウルの王者と言い切っていいのか

神格化

世界中の雑誌の中で、恐らく最も長続きしたソウル専門誌『Blues & Soul』が66年に創刊された『Home Of The Blues』から誌名を変更したのは67年10月号のことであった。その巻頭で編集長のジョン・アビーは〝ホーム・オブ・ザ・ブルース〟という名前がちょっと窮屈に感じられるようになったと書いている。だが雑誌名にソウルの名を冠したのはこれが最初ではない。その前年にはいち早くトニー・カミングスによって〝Soul〟という雑誌が始められていた。これは有名な〝Shout〟の前身となるものだった。だがいずれにおいても音楽のジャンルとしてのソウル・ミュージック、あるいはソウルという言葉はそれほどポピュラーではなかったと記憶する。そうした雑誌でもジャンルとしては〝リズム・アンド・ブルース〟あるいは略して〝R&B〟という言葉の方が普通だった。その時代の流れに抗しきれずにビルボード誌が〝ベスト・セリング・リズム&ブルース・シングルズ〟に代わって〝ベスト・セリング・ソウル・シングルズ〟を採用したのは69年8月23日号からだ。これによって音楽ジャンルとしてのソウルは急に広まっていった。

それにしてもその採用はなぜこんなに遅れたのだろう。それはひとつには60年代中期からソウル・シーンを引っ張っていたモータウンがあえてソウルといった人種的匂いの強い言葉を使わず、〝サウンド・オブ・ヤング・アメリカ〟を標榜していたことにもあったろう。だがそもそも教会色の強いアトランティックのようなレーベルはソウルという言葉を使うことにはためらわず、むしろ積極的にそれを利用した。ソロモン・バークやオーティス・レディングのアルバムにはソウルという言葉が頻繁に使われている。そのR&Bからソウルの転換期という大事な時期に多くの人はソウルの象徴を求ようとした。それにピッタリはまったのがオーティス・レディングだったのではなかったか。わたしは本編を始めるに当たってその最初のとっかかりとして「ザッツ・ハウ・ストロング・マイ・ラヴ・イズ」から始めた。言うまでもなくO・V・ライトとオーティスが歌っている曲だ。だがO・V・ライトについて詳しく見てきたように、彼はまさにメンフィス・ソウルの代名詞とも言うべき存在だった。だがオーティスはそうではない。彼はメンフィス・ソウルの王者としてではなく、むしろソウル・ミュージックの象徴として語られたからこそヨーロッパや日本で絶対的な人気を誇ったのである。そうでなければ66〜67年から70年代にかけてあれほどオーティスが神格化されたことの説明がつかない。

バンド態勢の立て直し

オーティスは既に66年4月にロサンジェルスにあったロックの殿堂〝ウィスキー・ア・ゴー・ゴー〟に出演していた。さぞかしロック畑でオーティスが盛り上がっていたのだろうと思われるかもしれないが、むしろ盛り上がっていたのはイギリスをはじめとするヨーロッパの方で、それがアメリカにも波及したというのが本当のところだった。それを目論んだのはアトランティックのネスヒ・アーティガンだったと言われるが、スタックスとして見れば、ロサンジェルスは南部メンフィスの音楽を広めるための重要地点だった。実際、スタックス・レヴューという大々的な興行がその地で打たれたのは65年8月のことだった。そこには「イン・ザ・ミッドナイト・アワー」をスタックス録音していたウィルソン・ピケットまでが同行したが、オーティスは参加しなかったのでその8ヵ月後に単独で向かったというわけだ。スタックスはそれを直後にライヴ盤として発売する予定だったが、それを聞いたスタッフは唖然としたに違いない。オーティスのベスト・パーフォーマンスからはあまりにかけ離れていたからだ。それは見送られ、それがLPとなったのはオーティスの死後、68年末のことだった。翌年日本でも『ウィスキー・ア・ゴー・ゴーのオーティス・レディング』の題名で発売されたが、ミュージック・マガジンでレビューを担当したわたしは次のように記した。

「死後、次から次へと、オーティスのレコードが発売されるのは、彼のファンにとって大変ありがたいことだが、このLPは残念ながらそういうには値しないようだ。というのもこの実況盤は彼の新しい魅力を聞けないばかりでなく、彼のLPとしても最低の出来だからだ」（＊1）

ここでわたしは75点という評価を下した。特に気になったのがロード・バンドの脆弱さ、中でもギターの弱さだった。そのせいか彼の歌にも全く力がない。にもかかわらずレコード会社に慮ってか、一部でこのアルバムが優れたものであるような風評が流れたのは残念だった。その猶予期間が過ぎ、ロブ・ボウマンは辛辣な言葉を投げかけている。「レディングのバンドははっきり言ってぼろぼろで、ホーンはほぼ全曲で聴くのがつらくなるほど見事に音をはずしていた」（＊2）と。

だがオーティスは手をこまねいていたわけではない。その半年後にはバンド・メンバーを大幅に入れ替えていた。ドラムスはエルバート〝ウッディ〟ウッドソンと変わりはなかったが、ギターとベースは一新し、ジョー・テックスのバンド・メンバーだったリロイ・ハドリーとJ・アルフレッド・クックをスカウトしていた。特にこのクックは優れたベーシスト兼トランペット奏者で、70年代にはクラレンス・カーターのバンド・リーダーも務めている。ホーンではテナー・サックス奏者のロバード・ハラウェイがなおもリーダーを務めていたが、やはりジョー・テックスのバンドからトランペットのリロイ・モンロー、サックスのリロイ・フレミング、チャールズ・フェアリーらを引っ張ってきていた。その実力の一端はボビー・ハラウェイ名義で出された〝Funky Little Drummer Boy/Cornbread, Hog Maw And Chitterin's〟

オーティス・レディングのバンド・リーダーは常にこの Bobby Holloway だった。

（Smash 2137）でうかがい知ることができる。これはオーティスの死後に発売されたようで、A面ではまさにオーティス風ホーンの音色が飛び出してくる。第一ロード・バンドがレコードを出すのは稀なのだ。それだけ実力が認められていたということだろう。

バンドの態勢を立て直したオーティスは66年9月初めてイギリスを訪れ、デイヴ・クラークの〝レディ・ステディ・ゴー〟に出演しているが、バンドはみちがえるほどよくなり、本来のオーティスらしさが発揮された。恐らくその頃イギリスではオーティス熱が沸騰していた。イギリスで著名な評論家チャーリー・ジレットによれば、彼の人気は64～65年からじわじわ高まっていたが、その人気を決定付けたのは意外や「マイ・ガール」だったという。66年それはイギリスのラジオ局でブレイクしたが、シングル盤として出されていなかったので結局その曲を含むアルバム『オーティス・ブルー』がアルバム・トップ10に入るほどの人気を集めたという。それにしてもオリジナルのテンプテーションズの作品が全く見向きもされなかったというのはいかにもイギリスらしくて面白いではないか。しかしこの話には何となく思い当るところがある。日本でもそれが大ヒットした65年初めには全く評判も呼ばず、日本のラジオ局でもほとんどかからなかった。ところが67年に入って突如ブレイク、「マイ・ガール」は日本のR＆Bブームを象徴するヒット曲となった。まあ同じ曲ではあってもオーティスとテンプス、文化の違いを大きく感ずるところではある。

この誰でも知っている「マイ・ガール」でブレイクしたというのがいかにもオーティスらしい。

それだけ彼らしさがそこでは発揮されていたということだろう。むろん「リスペクト」「愛しすぎて」「ファファファファ」といったオリジナルの良さは言うまでもないが、彼の場合はむしろ「サティスファクション」「トライ・ア・リトル・テンダネス」といったカヴァー曲で語られることの方が多い。ローリング・ストーンズのメンバーがうなったという前者、ドラマティックな前半の歌唱に始まり、途中からアル・ジャクソンがスネアのふちを4分割でたたき始め、そこからスピードを上げて全力疾走する構成はアルのアイディアだったが、それが大評判となった後者は特に有名だ。ここではもはやメンフィス云々は越えている。なるほどジェイムス・カーはオーティスに倣い、ロック畑ビー・ジーズの「トゥ・ラヴ・サムボディ」を取り上げ、ハーラン・ハワードの「ライフ・ターンド・ハー・ザット・ウェイ」を途中テンポを上げて歌いあげている。だがそれもいかにもメンフィス・ソウルの範囲での話だった。ハイのウィリー・ミッチェルはこうした試みさえ、全くやっていない。アル・グリーンと出会うまでは。こうした事実から見てもオーティスがメンフィスを越えたスケールの大きなシンガーだったことがわかるだろう。

オーティスのこうした特質はどこで作られたのだろうか。それはジョージアからカロライナ、ワシントンDCを通り、ボストンに至る東海岸地域でふくらませられたというのがわたしの答えだ。オーティスについて多くのページを割かれている『スウィート・ソウル・ミュージック』や『スタックス・レコード物語』には全く出て来ない視点だが、ここではその足跡を辿ってみよう。

東海岸ルート

オーティス・レディングが生まれたのはジョージア州メイコンの近くドーソン、1941年9月9日に生まれている。これは復習するまでもない。だがオーティスが頭角を現し始めた50年代末から60年代初めにかけてアトランタを中心とするジョージア州にはほとんど有力なレーベルが存在しなかった。にもかかわらず、その地はリトル・リチャードやジェイムズ・ブラウンを生むという豊かな土壌があった。彼らの音楽はロックンロールやファンクの創始者として語られることが多いが、その生活の糧を与えてくれたのは東南部からワシントンDCを経てボストンにまでつながる東海岸ルートだった。それを象徴するのがアップセッターズというバンドだ。最初リチャードのバック・バンドから出発した彼らは、R&B／ソウルのロード・バンドとしては第一線級の働きをし、自らのレコードも多数発表している。リーダーはテキサス出身のグラディ・ゲインズというサックス奏者だったが、そのメンバーにはジェイムズ・ブラウンと共通のメンバーもおり、主に東海岸ルートからメンバーを募っていた。言うまでもなくリチャードは最初オーティスが憧れたシンガーであり、当然そのバンドにも憧れを持っていただろう。彼は実際にそのバンドとツアーに出たこともあったという。彼は自分のバンドを作る前にもジョニー・ジェンキンスのバンドに所属したが、それもジョージアを中心に活動していた。ヴォルトで成功してからも彼はなおもツアーを続けたが、東海岸ルートは相変わらず重要なものとなった。65年頃オーティスはボルティモアまで赴き、公演を行なった。その時バックを務めたのがウィンフィールド・パーカーのバック・バンドだった。パーカーはその公演を終えると、自分のバンドの結成を急ぐオーティスにその半分のメンバーを提供したという。実際ウィスキー・ア・ゴーゴーのライヴでギターを弾いているジェイムス〝ランドルフ〟ヤングはウィンフィールド・パーカーのバンド・メンバーだった男だ。また前述したドラマーのエルバート・ウッドソンはワシントンDCの出身で、彼がその地でスカウトしたのだろう。

ボルティモアでの出会い

オーティスはその後もたびたびボルティモアを訪れ、ルー・ジャックのオーナー、ルーファス・ミッチェルからある1枚のデモ・レコードを見せられた。ハロルド・ホルト&ヒズ・バンドの「アイム・ア・ストレンジャー」である。歌っているのは彼が初めて目にする名前のシンガー、アーサー・コンレイだった。その作品は65年になって実際にリリースされたが、その時彼は他にも3曲歌っており、オーティスは耳にしたのかもしれない(*3)。コンレイはオーティスと同郷でジョージアのマイナー・レーベルからアーサー&ザ・コーヴェッツの名でデビューしていたが、

65年に父親がボルティモアに移住したこともあって、その地を拠点にしていた。そこで作ったのが上記のシングルである。確かにオーティスが惚れただけのことはある。彼はコンレイの歌に感心すると同時に、そのバンドの確かさにも感心したに違いない。スタックスのミュージシャンを別にすれば、オーティスのロード・バンドは未完成で、その域にはまるで達していなかったからだ。彼はコンレイが65年にアトランタのバンブー・クラブに出演した時に、ルーファス・ミッチェルに連れられて訪れ、めでたくコンレイとの邂逅を果たした（＊4）。その時に契約の話は既に出ていたかもしれない。オーティスはルーファスからコンレイを譲り受けることになる。

早速彼のレーベル、ジョーティスのためのレコーディングがなされたが、アーサー・コンレイの記憶によれば、オーティスは現場で立ち会っていなかったというのだ（＊5）。2枚のシングルが出されたが、レコーディング大好きのオーティスがそんなはずはないだろうと考えていた。だが改めてじっくり聞いて見てそれも納得した。1枚は〝I'm A Lonely Stranger/Where He Leads Me〟（Jotis 470）というものだが、作りは完全にルー・ジャックの作品をなぞったもので、スタックスのミュージシャンが完璧であることを除けば、何ら新味がない。オーティスはレコーディングに際していくつかのアドヴァイスを与えたものの、都合でスタジオには現われなかったのだろう。また〝Where He Leads Me〟も本当は〝ユー・リード・ミー〟と歌っているのに誤記されてしまったのもオーティスらしくないミスである。これはアルバムに収録する時に改められた。

オーティスが創設したレーベルJotis。だが結局４枚のレコードしか残せなかった。

恐らく2枚目のシングルの時もレコーディングはスタッフに託され、オーティスは不在だったのだろう。というのも確かにレコーディングに参加したビリー・ヤングとロレッタ・ウィリアムスのセッションにはよりオーティスらしさが感じられるからだ。ビリー・ヤングはオーティスが彼の故郷メイコンで見つけたシンガーで、アーサー・コンレイより前、つまり65年の6月にはフェイムのスタジオ入りしていた。その時の作品が〝The Sloopy/Same Thing All Over〟(Jotis 469)というものだった。この頃のオーティスはホーン・セクションの数人を除けばほとんど自分のバンドは完成していないに等しかった。先にウィンフィールド・パーカーのバンド・メンバーを半分は譲り受けたと書いたが、この時のリズム・セクションは恐らくメイコンで集めたスタジオ・ミュージシャンが使われたに違いない。というのも再び『ソウル・バッグ』のディスコグラフィーによれば、リズム・セクションにはひとりもウィスキー・ア・ゴー・ゴーの時のメンバーと共通する人がいない。にもかかわらず、特に「セイム・シング・オール・オーヴァー」の独創的なホーン・フレーズはオーティスのアイディアとしか言えないものだ。彼はスタジオで思い付いたホーン・フレーズをしばしば演奏者に伝えたことが知られているが、この曲こそまさにその典型と言える。彼は途中ビリーと一緒にハモッているが、レコーディングが楽しくてしょうがないといった体だ。

だがこの後彼はアーサー・コンレイと出会い、むしろ彼に注力するようになる。ジョーティスから出されたコンレイの2枚のシングル盤がスタックス録音されたのもただ単に彼のバンドがスタジオ録音させるだけの能力を持っていなかったからだろう。実際ビリー・ヤングはジョーティスで1枚レコードを出すや、今度はリック・ホールのフェイム・スタジオに向かっている。そこでビリーは5曲録音しているが、3曲は未発表となった。2曲はチェスにリースされ、中には「ユー・レフト・ザ・ウォーター・ラニング」という極めて重要な作品が生まれているが、オーティスが関係したのは「ユーア・トゥ・マッチ」だけだ。オーティスはフェイムにビリーのみならず、彼の見つけたアーティストを推薦していた。エースで組まれた『ホール・オブ・フェイム Vol.3』(*6)にはそうしたシンガーが集められている。「ア・ワールド・オブ・マイ・オウン」を歌うビリー&クライド(変名だが)、ハーマン・ムーアはいずれもオーティスの推薦でフェイム録音したものだ。オーティスはその他にもピッツバーグで見つけたジョニー・デイという白人シンガーをスタックスに推薦している。要するにジョージアから東海岸の旅の途中で見つけたこれはと思われるシンガーを自分でプロデュースするか、紹介するなどしていたのだ。これもオーティスのメンフィスにとどまらない普遍的な性格をよく表わしている。

バンドの改革

66年9月のロンドン公演を終えると、オーティスはさらに自分のバンドの改革に乗り出した。ウィスキー・ア・ゴー・ゴーでの不甲斐ない演奏の後、少しずつ立て直しを図っていただけに、それは意外と思われるかもしれない。その立て直しとしてオーティスはリー・ロイヤル・ハドレー他五人のメンバーをジョー・テックスのバンド・メンバーから引っ張って来ていたが、それもレギュラー・メンバーとなったわけではなく、借り受けただけのこと。そのうち何人かは再びジョー・テックスと行動を共にするようになっていた。オーティスは完全に自分の支配下にあるバンド・メンバーを作るため、再び東海岸の旅に出た。その年末にはホーン・セクションを除いてメンバーを一新していた。ひとりはカロライナでスカウトしたモーゼズ・ディラードというギタリストだった。彼は地元でベーシストのジェシー・ボイスとダイナミック・ショウメンというバンドを組んでいたが、この66年にオーティスに誘われて彼のバンド・ギタリストとなる。彼はさらに北上し、ワシントンDCでそれにふさわしいメンバーに出くわした。フォー・ケイズである。彼らはリロイ・テイラーというシンガーをフィーチャーしていたが、サウス・カロライナ州ジョージタウンのクラブでギグをしている時にエディ・シングルトンから声をかけられた。エディはワシントンDCにシュラインというレーベルを持つレコードマンだった。彼らは65年にそのレーベルからレコードを出しているが、「アイル・アンダースタンド」の間奏でサックス・ソロを取っているのがリチャード・スペンサーだそうだ。そのバンド・ベーシストはチャールズ・フェンウィックといい、サックス奏者のリチャードと共にオーティスから猛烈なアプローチを受けた。リチャードによれば、ボビー・ハラウェイが家にまで来て盛んに勧誘したのだという。さらにボビー・ハラウェイとオーティスはワシントンDCで活動する他のミュージシャンにも触手を伸ばした。ドラマーのグレッグ・C・コールマンもそのひとりで、以上の三人がオーティスの死後、ウィンストンズというグループを結成していることは有名だ。

ワシントンDCにはフィル・フラワーズというヴェテラン・シンガーが確実な足跡を残していたが、彼らはそのバンドにも接触する。そこには大ヴェテランのドラマーのTNTトリブルとギタリストのクウィンシー・マティソンが在籍していたが、そのふたりもオーティスのバンドに貢献した。オルガンのジャキー・ヘアストンやトランペットのフィル・ギルボーもやはりその旅で獲得したのだろう。つまりホーン・セクションを除くバンド・メンバー全員が東海岸の出身だった。そうしたバンドの最初の成果がアーサー・コンレイの67年の初頭、つまり1月20日に吹込まれた「スウィート・ソウル・ミュージック」であったわけだ。その細かなメンバーやその後少しずつ変わっていくメンバーについてはここでは触れまい。彼の2枚目までのアルバム、ビリー・ヤングがマーキュリーに残した作品、オーティスがサウス・カロライナで見つけたグループ、デラカードスの作品などがこうしたオーティス・バンドのメンバーによって生まれたことを指摘しておくにとどめる。

オーティスは東海岸にとことんやっかいになりながらも、実は一番影響を受けたのはサム・クックだった。サムがミシシッピからシカゴ・ラインへと続く黒人音楽のいわば王道を歩みながらも、むしろその拠点をウェスト・コーストへと移していったように、オーティスもその音楽をそのラインの中心部にあるメンフィスで築きながらも、東海岸で活動することによってその普遍的な〝ソウル〟を獲得したのではなかったか。オーティスはもはやメンフィス・ソウルの言葉ではくくれない普遍性を帯びていた。

だがそれは完成を見ずに終わる。67年12月それは全く予期せぬ形で現われた。オーティスの死である。そのため彼が構想していたその後の音楽スタイルを死後次々と発表された数多くの作品によって読みとろうとする試みもたびたびなされてきた。たとえば「ドック・オブ・ザ・ベイ」である。だが残念ながらこの曲はその後のソウルも、むろんメンフィス・ソウルも見据えてはいない。少なくともその3年前の同じ12月に亡くなったサム・クックのようには。「チェンジ・イズ・ゴナ・カム」がその後の音楽に与えた影響、サム・クック・スタイルとも言うべきものがソウルにいかに浸透していったかを考えた時、その曲がもたらした影響はほとんどかき消えるほどである。その理由としてサムが最後に生きた64年という年と、オーティスが最後に生きた67年という年の大きな違いを上げることができるだろう。64年はモータウンの伸長、シカゴ・ソウルやサザン・ソウルの台頭などソウル・ミュージック自体が形を整えつつある時代で、サム・クックもそのパイオニアの一人として大きな影響力を持つことができた。ところが67年はソウルが成熟し、その中から次の時代を担うジェイムズ・ブラウンやスライ&ザ・ファミリー・ストーンが動き出し始めていたにもかかわらず、オーティスはその成果をほとんど取り入れることができなかった。「ドック・オブ・ザ・ベイ」もしかりである。68年メンフィス・ソウルはそれまでの歩みを見直す必要に迫られていた。

(＊1)『ニュー・ミュージック・マガジン』69年5月号、P68
(＊2)『スタックス・レコード物語』P141
(＊3)〝I'm A Stranger/Where You Lead Me〟(Ru-Jac 0014)として発売されているが、アーサーは他にも「ホール・ロッタ・ウーマン」のデモを残していた。『The Ru-Jac Records Story Vol.2:1964-1966』(Omnivore OVCD-255)にいずれも収録されている。この「ホール・ロッタ・ウーマン」も後にオーティスはアーサーのためにプロデュースしているので、この時に耳にしていた可能性がある。
(＊4)拙著『ゴースト・ミュージシャン』P136。なおその著のオーティスに関する部分は本著にもたびたび登場するが、その重複をお許し願いたい。特に第7章の「アトランティックの意向に逆らった男」「オーティス・バンドの変遷」を参照。
(＊5)『Soul Bag』189号(2007年12月)のオーティス・レディング特集号参照。この号のディスコグラフィーはどの本よりも詳しいが、一部疑問と思える部分がある。

（＊6）Kent CDKEND 410（Pヴァイン PCD17670）を参照。参考までにこのCDにはいくつか重大な見落としがあるので触れておきたい。まず10曲目の〝Don't Raise Your Voice At Me〟はビッグ・ベン・アトキンスとなっているが、歌っているのはスペンサー・ウィギンスである。また23曲目の〝Your Sister's Keeper〟はアンノウンとなっているが、これも歌っているのはスペンサー。また10曲目の〝I'm In Love〟のアンノウン・シンガーはキップ・アンダーソンである。

第10章
ファンクの時代

ふたりの死

オーティス・レディングの死はメンフィス・ソウルにどのような影響を与えたのだろう。スタックスに少なからぬ激震が走ったのは当然のことだった。それが直接的な要因といえなくとも、スタックスからのアトランティックの撤退と配給元の交代はスタックスの歴史を語る上で欠かせないのは言うまでもない。ジム・スチュワートがすべてのカタログをアトランティックに持っていかれることを知った時の落胆は確かに言葉に表せない。ジョニー・テイラーの「フーズ・メイキング・ラヴ」に始まる大逆襲はスタックス物語の熱きテーマの一つではあるが、ここではそれを追うことはしない。彼の死はメンフィスの他のレーベルにはどのような影響を与えたのだろうか。残念ながらその直接的な証言は残っていないのだ。むしろその4ヵ月後にメンフィスで倒れたマーティン・ルーサー・キング牧師の方がはるかに深刻に受け止められた節がある。それはスタックスの根幹に関わる人種問題に及ぶものだった。というのもその時点でスタックスは意識するにせよしないにせよ、黒人と白人が手を取り合って音楽を作り上げていることが露わになったからである。ある種の人間にとってはそれは由々しき問題でもあった。スタックスは人種問題に巻き込まれ、結局スティーヴ・クロッパーとダック・ダンが去らなければならなかったことはよく知られている。

だが他のメンフィス・レーベルはその点では安泰だった。ウィリー・ミッチェルのハイはサミー・クリーソン、レジー・ヤング、マイク・リーチ、ボビー・エモンズなど白人ミュージシャンの起用という試行錯誤を繰り返しながら、結局全員黒人から成るハイ・リズムに行きついていたからだ。ゴールドワックス・サウンドの担い手も黒人だった。他方でチップス・モーマンのアメリカン・スタジオは全員白人だったが、ソウルに限らず幅広く仕事をこなし、その事態を乗り切った。68年に入ってもウィリー・ミッチェルは何事もなかったかのようにその仕事を続けた。だが大きく変わった点もあった。その一つがレコーディングの方法である。この点ではスタックスよりも早かったことは指摘しておいてよい。

ハイのレコーディング方法

オーティス・レディングのレコーディングについて振り返ってみても、彼の作品でオーヴァーダビングされたものはほとんどない。死後発表された作品に若干オーヴァーダビングされたものがあるほかは、リズム・トラックに後から声を被せるといったモータウンなどで頻繁になされた録音方法も全く取っていない。リズム・セクションもホーン・セクションもスタジオで一堂に会し、そこにヴォーカルが立ち向かうというのがスタックスの普通のやり方だった。それと対照的だったのがハイ・レコードである。ウィリー・ミッチェルは66年くらいからリズム・トラックおよびホーンはメンフィスで録音し、ヴォーカルを別のところで改めて入れるという方法を取り始めていた。それが顕著だったのがデトロイトのアーティストをレコーディングする場合だった。それを如実に示しているCDがある。『The Northern Souljers Meet Hi-Rhythm』というソウル・テイ・シャスで組まれたコンピレーションである（＊1）。そこにはウィリー・ミッチェルがデトロイトでスカウトし、レコーディングに臨んだ9アーティストの作品が収められている。グループのアプリシエーションズ、パーシャンズ、マスター・キーズ、さらにリー・ロジャーズなどがそれで、後にアル・グリーンという大敵を射止めたのはウィリーのそうした活動が実った結果と言ってもいい。既に7~8章で触れたように、彼らの使用したバック・トラックを使ってドン・ブライアントが歌を披露していた。実際このCDには彼らの作品をドン・ブライアントが歌うものも収められている。つまりメンフィスで作ったバック・トラックを背にドン・ブライアントが仮り入れで歌い、それをもとにしてデトロイトで上記のようなアーティストが歌を入れて完成したものと考えられる。その方法が65年の末か66年には始まっていたというのだ。むろん当時はまだハイ・リズムは完成しておらず、ドラマーはハワード・グライムスではなく、サミー・クリーソンだった。その頃からミッチェルは後につながる新しい録音方法を始めていたわけだ。それはスタックスがその方法を始める2年以上前のことになる。

その録音方法が際立った作品というのがある。ドン・ブライアントが68年に発表した「アイル・ゴー・クレイジー」である。ちょうど同じときジェイムス・フライがハイと契約し、ブライアントは珍しく自分で書かず、彼からその曲をもらった。ジェイムス・フライは本名をジョニー・フライアーソンといい、O・V・ライトらとサンセット・トラヴェラーズでの豊かなゴスペル経験があった。その後兄弟たちとドレイプルズというグループを組みスタックスからレコードも出していた。その妹のメアリーはウェンディ・ルネイの名前で何枚かソロ・レコードを出し、多少の成功を収めていた。彼はそれに続けとばかりにハイからデビューしたわけだが、結局成功せずゴスペルの世界に戻っている。

「アイル・ゴー・クレイジー」は68年の2月23日に発売の運びとなったが、ジョニーやメアリーの手で書かれたそのバラードはハイ・サウンドの良さがいかんなく発揮された、まさに完璧な1曲となった。ウィリーは当時デッカとも契約を結び多くのシンガーをメンフィスのスタジオに招いていたので、その曲をカンサス・シティのトニー・アシュレーに授けることにした。彼はミズーリ州出身のシンガーで、若いころにはピアノも弾き、リトル・ウィリー・ジョンやサム・クックの影響を受けていた。既に67年に地元のレーベルからレコードを出していたが、力のある所を見せつけており、この曲は彼にはうってつけとウィリーは考えたのだろう。その際ドン・ブライアントで使ったバック・トラックをそのまま流用し、彼の声をかぶせたので、それはニューヨークでなされたのかもしれない。北部のシンガーらしいぎこちなさはあったものの、十分に評価できる出来に仕上がっている。だがこのことによって当時のハイの録音方法があからさまになってしまった。つまりリズム・トラックを先にレコーディングし、後から歌入れをするという広く行われている方法である。

デトロイトからもたらされたもの

同じメンフィスのスタックスでこのようなレコーディング方法が採用されたのは68年に入ってからのことであった。それを推し進めたのはデトロイトからメンフィスという地域にやってきたドン・デイヴィスだった。彼がジョニー・テイラーの「フーズ・メイキング・ラヴ」に関わった時の模様は『スタックス・レコード物語』の中で細かく記述されている。

「このころからスタックスでもヘッドフォンを付け、バックトラックを先に録り、後からリード・ヴォーカルを重ねるというレコーディング方法が導入された」(＊2)

ジョニーがこれを嫌っていたこと、ドン・デイヴィスがアイザック・ヘイズにホーン・ラインのお伺いを立てていたこと、デヴィッド・ポーターがジョニーのヴォーカル指導をしたことなども合わせて書かれている。ところが、前に触れた70年のスタジオ名鑑ではこの曲はデトロイトのユナイティッド・サウンド・システム、通称ユナイティッド・スタジオで録音されたとはっきりした記載があるのだ。他にはアイザック・ヘイズのエンタープライズ録音、つまり「ウォーク・オン・バイ」などもこのスタジオから生まれたことになっている。「フーズ・メイキング・ラヴ」のリズム・セクション、すなわちMGズがわざわざデトロイトまで行ってレコーディングするとは考えにくいから、この記述は歌やその他のダビングがデトロイトでなされたと考えるのが辻褄が合う。ところが、ロブ・モーマンの取材ではメンフィスのスタジオしか使っていないと読めるのだ。このあたりはもう少し探求が必要だろう。

いずれにせよ、このヒット曲は68年末のことだから68年の中ごろからスタックスでもこうしたレコーディング方法が始まったと考えるのが自然だろう。ウィリー・ミッチェルはその点でも先を行っていた。

破れなかった壁

ウィリー・ミッチェルが新しい録音方法を手に入れたものの、そのサウンドを完成させるには新たな素材が必要だった。新しいスタックス・サウンドをドン・デイヴィスとジョニー・テイラーの協力によって手に入れたように、ミッチェルは他の地域、特にシカゴやデトロイトからの新たな血を必要とした。シル・ジョンソンに出会ったのはそんな時だった。シルはギタリストとしてむしろシカゴのブルース・サークルで活動を始めているが、ジャッキー・ウィルソンに憧れその高音を駆使したスクリーム唱法を何とか手に入れようとしていた。60年代末ジェイムス・ブラウンが天下を取ると、今度はそれに反応、「カム・オン・ソック・イット・トゥ・ミー」「ディファレント・ストロークス」でシカゴのJBの異名を取った。そんな彼がなぜメンフィスのウィリーと深い関係を取るようになったのか。ふたりが対面したのは68年、シカゴのバーニング・スピアでのことだった。ウィリーはしばしばタレント・スカウトを兼ねてデトロイトやシカゴを訪れており、南部にはない高音でスクリームするシルに興味を抱いていた。出会うとすぐに彼はハイに来るように誘ったという。一方シルもO・V・ライトとツアーをするなどハイの音には強い関心を抱いていた。その思惑が一致して初めてのロイヤル・スタジオでのレコーディングが実現する。それは68年になされ、「ドレッシーズ・トゥー・ショート」は年末のチャートを賑わした。それはシカゴのレーベル、トゥワイナイトから出されていたので、いったんはシカゴに戻ることになるのだが、71年念願のハイ入社を果たすことになる。

ウィリーにはさらに新たな血が必要だったが、それは69年まで待たねばならなかった。それまで彼は自分の駒をさらに研ぎ澄ます必要があった。O・V・ライトの「エイト・メン・フォー・ウィミン」のヒットはそのいいチャンスだった。ウィリーはそれから2年余りは彼に全精力を注ぎ、少なくとも7枚のシングル盤と1枚のアルバムを作り上げた。内容的には申し分ないように思えるが、その中から彼を代表するような作品は残念ながら生まれていない。のちにアン・ピーブルスに歌われる「ハートエイクス・ハートエイクス」、「ホワット・アバウト・ミー」といった身を削るようなバラード、豪快な「オー・ベイビー・マイン」や「ラヴ・ザ・ウェイ・ユー・ラヴ」、ボビー・ブランドのカヴァーとなる「アイル・テイク・ケア・オブ・ユー」がチャートを賑わせたが、よく知られた曲とは言い難いだろう。68年にリリースされた『ニュークリアス・オブ・ソウル』は全曲がハイで録音されたわけではないが、この時代の彼の動向を知ることのできる格好のアルバムとなっている。

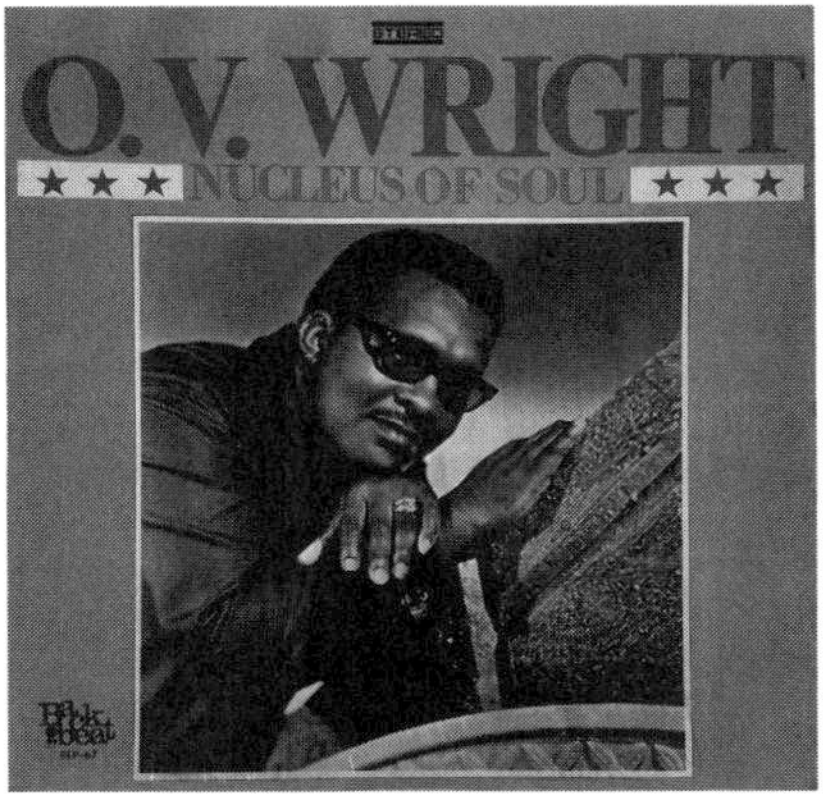

O.V. ライトの『Nucleus Of Soul』(Backbeat 67)。その大半の曲がハイで録音された。

なぜウィリーはその壁を破れなかったのか。ひとつにはハイ所属のアーティストとは違ったレコーディングのやり方にあったと思われる。つまりこの時代のO・Vの場合、ドン・ブライアントの「アイル・ゴー・クレイジー」のようにリズム・トラックとヴォーカルを別々にレコーディングするのではなく、従来の通りバンドも歌手も一堂に会し、せーのの掛け声で作られていたのではないかということである。そのためハワード・グライムのドラムスひとつとってみても臨場感に溢れ、よく言えば力感一杯の、悪く言えば荒々しいドラミングが展開される。間違っても「アイル・ゴー・クレイジー」のような均整の取れたサウンドは聞かれないのだ。恐らくウィリーにとってはO・Vの場合はこれがベターと考えられたのだろう。それを示唆する曲も実際残されている。「ラヴ・ザ・ウェイ・ユー・ラヴ」という曲だ。

そもそもこの曲はドン・ブライアントの手によって書かれ、ソロモン・バークにプレゼントされた。彼はそれを68年春アメリカン・スタジオで録音し、「セイヴ・イット」のタイトルで出した。ところがアトランティックはそれをシングルとしてさえ切らず、『アイ・ウィッシュ・アイ・ニュー』のアルバムでひっそりと身を隠していた。そこでウィリーは同年その曲をデトロイトのバディ・ランプに改めて授け、ロイヤル・スタジオでレコーディングする。アトランティックに配慮してかそれは「セイヴ・ユア・ラヴ」とタイトルが改められ、ウィールズヴィルからリリースされた。ハイの精鋭は勢い

ハイ録音されたバディ・ランプの “Save Your Love”。ウィリー・ミッチェルは後にこの曲を O.V. ライトにも歌わせ、「ラヴ・ザ・ウェイ・ユー・ラヴ」とタイトルをつけ直した。

づき、バディのボビー・ブランドから影響を受けたヴォーカルを際立たせている。ところがこの曲は全く評判を呼ばなかった。彼のレコードの中で一番珍しいものとなっていることからもそれはわかる。ウィリーは失望したに違いない。そこで三度目の正直を当て込んだ。70年代初め今度はO・Vにその曲をレコーディングさせる。ウィリーにはバディ・ランプのバック・トラックを使いまわす気はさらさらなかった。折からスライ&ファミリー・ストーンが大ブレイクし、「ダンス・トゥ・ザ・ミュージック」の余韻が覚めない頃だった。ウィリーはそのイントロをちゃっかりいただいて曲を始め、バディの作りとは一線を画す作りとしている。このことからしてもO・Vとバンドが一緒にスタジオ入りして作られていたことは明らかだろう。70年4月それは見事に三度目の正直となる。だが彼はなおも新しいレコーディング方法を模索していた。この年作られた曲はO・Vの新たな段階を意味していた。「エース・オブ・スペーズ」の大きなヒット曲と「アフリクティッド」の完成だった。この「エース・オブ・スペーズ」は図らずもウィリーが取ったレーディングの方法を白日にさらしてしまった。

エース・オブ・スペーズ事件

われわれはそれを「エース・オブ・スペーズ」事件と呼ぶ。実は70年代末に『ニッケル・アンド・

ネイル・アンド・エース・オブ・スペード』のアルバムが初めて日本発売になると、そのヴァージョンが全く別人によって歌われていることが発覚した。これは大騒ぎである。聞けばそれがメルヴィン・カーターであることはすぐにわかった。その後来日したO・Vに尋ねてみると、彼はO・Vの重要曲、「ユー・ゴナ・メイク・ミー・クライ」や「エイト・メン・フォー・ウィミン」といった曲を書いていて、彼のロードのツアー・ギタリストでもあるということもわかった。この曲もデッドリク・マローンの名があったものの、彼が確かに書き、最初に歌って手本を示したというのだ。その結果同じバック・トラックを使って再度録音されたいくつかのヴァージョンが見つかったというわけだ。これによって当時のハイの録音方法が明らかにもなった。

実は「アフリクティッド」の方もいわくつきの作品だった。そのオリジナル・ナンバーが見つかったのである。それは意外にもナッシュヴィルのシンガー、フランク・ハワードのものであった。彼はコマンダーズを解散させた後、68年にはO・V・ライトのツアー・メンバーとなっていた。そこでデュークに紹介され、リリースしたのが「アフリクティッド」だった（＊3）。なんと両面の曲にO・V・ライトのライター・クレジットがあり、その関係性の深さを表していた。この曲にはWright-Seawoodのクレジットがある。それは当時彼のツアー・メンバーの一員と考えられるJ・シーウッドとO・V自身が共作したものだった。ところが、O・Vのレコードでは周知のようにJ・シーウッドとデッドリック・マローンの作と書き改められていた。〝アフリクティッド〟というのは苦しくて苦しくてしょうがないという意味だ。相手に恋い焦がれながら、それが苦しくてしょうがないというのだ。いかにも愛に飢えた彼が作りそうな曲である。特に1週間に7日働きずくめでお前に奉仕すると歌う部分は鬼気迫るものがある。恐らくフランク・ハワードはツアー中にこの曲を与えられ、O・Vのバンド使って吹込んだのかもしれない。ところが埋もれてしまったため、70年になって彼はハイ・リズムを使って吹込みなおしたというわけだろう。その際定法通り、デッドリック・マローンに書き換えられてしまった。この作品とアルバムのリリースによってハイ・リズムが一段高みに到達したことは確かである。だがウィリーはまだ満足していなかった。そのサウンドを世界的なものにするというのはまだ実現していなかったからだ。彼には全く新たな素材が必要だった。

“Afflicted”の2ヴァージョン。Frank HowardとO.V.Wright。ご覧の通りライター名が違っている。

新しい血

ウィリー・ミッチェルが69年に獲得した新しい血とはアル・グリーンとアン・ピーブルズだった。その契約は68年の末にはなされ、12月にはレコーディングも始まっていた。アル・グリーンはウィリー・ミッチェルがテキサスで遭遇し、その場でハイに誘ったという。彼はホット・ラインで「バック・アップ・トレイン」のヒットを放っていたから、シル・ジョンソンと同じようにメンフィスのシンガーにはない香りをかぎ取っていただろう。それは彼がデビュー曲としてビートルズの「抱きしめたい」を選んだことでも明らかだ。そのデビュー作は69年の4月になってようやく市場に出回ったが、ウィリーはそのシングル盤にいわば保険をかけていた。B面の「ホワット・アム・アイ・ゴナ・ドゥ・ウィズ・マイセルフ」には後のスタイルにつながるふくよかなスタイルを垣間見せていたからだ。同じ

アン・ピーブルズ。

アル・グリーン。

頃アン・ピーブルズもハイ入りを果たしたが、こちらはジーン・ミラーがセント・ルイスで見つけてメンフィスに連れてきていた。彼女も69年2月にシングル・デビューしたが、デビュー・アルバムは69年7月15日にアン、ドン・ブライアント、アルの順に仲良く出されている。

その特徴が強く現れたのはアン・ピーブルズの方だった。一言でいえば、彼女のアルバムの中でも格段にファンキーなのだ。それはジーン・ミラーがプロデュースしていたからだろう。彼はバラードは別にすれば、著名な曲のカヴァーを彼女に与え、その所作を問うた。ベティ・ラヴェットの「マイ・マン(ヒーズ・ア・ラヴィング・マン)」、アレサ・フランクリンの「チェインズ・オブ・フールズ」「リスペクト」、フォンテラ・バスの「レスキュー・ミー」といった曲だ。こうした曲でのアンは天下一品で、ハイ・リズムの演奏はよりファンキーになりを上げる。だがジーン・ミラーを引き継いだウィリーはその線はあえて推し進めずに、別のやり方を取った。彼が着目したのはアンのブルージー極まりないヴォーカル・スタイルだった。それを生かすにはブルースの名曲が欠かせない。70年の「パート・タイム・ラヴ」が見事にその条件を満たすと、続いて「アイ・ピティ・ザ・フール」などブルージーなヒット曲で彼女ならではの世界を形作っていく。

アル・グリーンもまたそれを踏襲しようとしていた。第二作目として出した「ワン・ウーマン」がまたしてもチャートをとらえられなかったからだ。つまりアルの個性を生かしたつもりのバラード路線が見事にこけたのである。ウィリーはここで方針を変える。「ユー・セイ・イット」「ライト・ナウ・ライト・ナウ」、テンプテーションズのカヴァー「アイ・キャント・ゲット・ネクスト・トゥ・ユー」はいずれもファンキーさを強調した作品となり、そこそこの成績を収める。それはまさしくシル・ジョンソンやアン・ピープルズが歩んできた道を踏襲したものだといってもいい。特に個人的に好きな曲がある。「タイアド・オブ・ビーイング・アローン」のB面に組まれた「ゲット・バック・ベイビー」だ。このファンキー極まりない演奏はアルの経歴を振り返ってみても、その先にも後にもなかったといってもいい。だがこの状況にもウィリーは満足していなかった。ウィリーヒットの度合いが期待したほどのものでなかったこともその理由のひとつだったろう。ウィリーはアルにやさしくなめるように歌うことを提案する。時は既に71年に差し掛かっていた。「レッツ・ステイ・トゥゲザー」の誕生である。

ウィリーはこの曲を録音するにあたり、アル・ジャクソンを呼び戻したのはなぜなのだろう。そのアルバムで「イット・エイント・ノー・ファン・トゥ・ミー」がやはりアル・ジャクソンのドラムスと思われるが、彼は「ルック・ホワット・ユー・ダン・フォー・ミー」「アイム・スティル・イン・ラヴ・ウィズ・ミー」「ユー・オウト・トゥ・ビー・ウィズ・ミー」「コール・ミー」など重要な曲を録音する際にもアル・ジャクソンを呼び戻している。かつてウィリー・ミッチェル・バンドの録音する時と同じことをやっていたわけだ。ウィリーは時にはふたりを同じスタジオに並べ、アル・ジャクソンにスネアをたたかせ、ハワード・グライムスにシンバルをたたかせることまでしたという。ウィリーにとっては何といってもアル・ジャクソンの存在は図抜けていた。グライムスも応用が利くドラマーだったが、アルには他に類を見ない個性があった。たとえばサム&デイヴの「僕のベイビーに何か」を聞いてみれば、彼が曲の流れに沿って三つのパターンのたたき方を使い分けているのがわかるだろう。最初は弱く、次にやや強く、そして最後の盛り上がりと共に強くというパターンだ。そしてどのパターンでもまさしくアル・ジャクソンに他ならないのである。アルバム『レッツ・ステイ・トゥゲザー』(*4)はその意味でもまさに転機になったアルバムだった。

増えた手駒

ウィリー・ミッチェルが遠征を繰り返すことでシル・ジョンソン、アン・ピーブルズ、アル・グリーンといったスターを獲得してきたように、彼は早くからシカゴやデトロイトに網を張っていたが、60年代末にはその範囲は広がっていた。そのひとつの例が白人のティミ・ユーロに現れている。彼女は早くから破格の白人ソウル・シンガーとして名声を博してきた。ところが68年長らくレコードを出してきたリバティとの契約が切れ、その処遇は宙に浮いたままとなっていた。そこでメンフィスのチップス・モーマンが手掛ける話が持ち上がったが、この時は実現せず、どういうわけかウィリーに番が回ってきた。チップスとのレコーディングは後に実現し、オランダでリリースされてはいる。この録音は恐らく69年になされ、「ウェン・サムシング・イズ・ロング・ウィズ・マイベイビー」と「ナシング・テイクス・ザ・プレイス・オブ・ユー」がレコード化された（＊5）。謎の多いレコードであるにもかかわらず、このレコードはファンの間で有名になった。アップ・テンポにアレンジされた前者があまりに見事だったからだ。

もうひとりさらに深くかかわったのがアイネス&チャーリー・フォックスの兄妹だった。既に名声を得ていたふたりは68年に〝Vaya Con Dios/Fellows In Vietnam〟を作るにあたり、ハイ・サウンドの協力を必要とした。真摯なヴェトナム・ソングを作るのにはその落ち着いた音が必要と考えたのかもしれない。思惑通り、それは心を深く突き刺さる作品となった。彼らはノース・カロライナ出身だったので、チャーリーは南に下り、アラバマ州モービルに居を据えた。彼は妻であるハティと共にティー・オフというレーベルを設立し、ベヴァリー・フォックスと組んで彼らの出世作「モッキンバード72」を再録するかたわら、シー・シー・スコットという逸材を発掘した。彼は早速彼女をロイヤル・スタジオに連れて行き、2枚のシングル盤が作られたが、「アイ・キャント・ターン・ユー・ルーズ」は見事なまでのハイ・サウンドが聞ける作品として有名である。

いよいよハイのメンフィスにおける役割は高まり、スタックスに代わって盟主になろうとしていた。

（＊1）Soul-Tay-Shus STC CD 6357。

（＊2）同書、P215〜216
（＊3）そのレコードはFrankie Howard〝Afflicted/Smooth Love Operation〟(Duke 446) として出されているが、ディスコグラフィーに載っていないくらい珍しいものとなっている。

（＊4）このアルバムには「ジュディ」という曲が入っている。アルバム・ジャケットにはアル・グリーンという間違った記載があるが、実際はローレンス・リーが作者である。先に歌っていたのはエクセロのフランク・ハワード。O・Vの「アフリクティッド」が最初彼の手によって歌われ、それがいわば手本になったように、ここでも彼はハイの指南役をやっていたのかもしれない。

（＊5）Frequency 101がそのレコードだが、レーベル・デザインに2種あることが知られている。マルチ・カラーの鮮やかなものと、黒地に銀色の字体のもの。前者が69年ころリリースされ、74年アル・グリーン人気にあやかって後者が再プレスされたと考えられる。

第11章

サウンズ・オブ・メンフィス

XL

1968年メンフィスに新たなスタジオ、サウンズ・オブ・メンフィスが設立された。オーナーはスタン・ケスラー、ジーン・ルーケッシ、ポール・ボマリトの三人。メンフィスがソウル界を引っ張ってきたという自負の現れの命名ともいえよう。実際その当時スタックスのみならず、様々なレーベルが参入し、その地には熱心なソウル愛好家のみならず世界中の音楽ファンから熱い想いが注がれていた。著名なロック・バンドがここで録音しようと目論み、中には日本のテンプターズまでいたことは日本のファンの間では有名だ。70年にビルボードで発刊されたレコーディング・スタジオ名鑑にはさらに詳しい記載があり、ミキサーとしてケスラーと並んでB・B・カニングハム・ジュニアの名前がある。これらの名前には記憶があったが、正直言ってルーケッシ、ボマトリの名前は他では聞いたことがなく、いったい何者だろうとずっと不思議に思っていた。ゴールドワックスのクイントン・クランチが音楽面でリードし、ルドルフ・ラッセルが経営面で尽力したその関係がこの場合にも当てはまるのではないか。ところが2000年代に入ってサウンズ・オブ・メンフィスの音源が英エースでCD化されるようになると、ルーケッシの名前が盛んに前面に出るようになった。ここに来てルーケッシの存在も決して侮れないことがわかってきたわけだ。

とはいえ、音楽面でリードしたのがスタン・ケスラーであったことは今も変わりない。ケスラーは50年代からメンフィスでは名の知られた人物だった。主にライターとして活躍し、エルヴィス・プレスリーにさえ曲を書いている。楽器もギターやベースを弾き、サンのセッションに参加したとされるが、そのセッション・ファイルにミュージシャンとしての彼の名前は見当たらない。その主な仕事はミキサーとしての仕事だったと考えられる。60年代に入ると、彼はついに自分のレーベルを始め、64年ある衝撃的な作品をXLという名前に閉じ込めた。ビナープトン（Binghampton）・ブルース・ボーイズの「クロス・カット・ソー」である。この曲はそもそもイーストサイドというレーベルから発売されたものだったが、その直後XLでもリリースされ、そのどちらもが滅多に見かけることのないレア・アイテムとなったため、ブルース・コレクター垂涎のレコードとなった。その経緯をロブ・ボウマンは次のように記している。

『More Lost Soul Gems』のジャケット。

「アルバート・キングのヴァージョンは、XLから発売された彼らのシングルと一音も違わない完全なコピーだ、と昔から言われていた。合意済みだと思っていた約束をビナープトン・ブルース・ボーイズのマネージャーに破られ、腹を立てたXLレーベルのオーナー、スタン・ケスラーがこの曲の在庫をすべて破棄、従ってオリジナル盤は存在しないと思われていた」(＊1)

実際には希少ながらオリジナル盤は60年代から知られており、わたしは70年代に入ってパイゾンで出されたマイク・レッドビターの編集盤を通してこの曲と対面した。アルバート・キングのカヴァーが軽快なブルース・ロック・ファンにも受けそうなスタイルだったのに対して、オリジナルのその全身でぶつかっていくような重厚さにはほとほと感心したものだ。スタン・ケスラーの辛抱はしばらくして実り、65年にはサム・ザ・シャム&ファラオスの「ウーリー・ブーリー」という全国的なヒット曲が生まれた。その作品はMGMに売られて大ヒットしたわけだが、彼は他にもアトランティックやチェスにも売り込みをかけ、その存在をアピールしようとしている。ソウルの最初のアーティストがリチャード&ウォーターのコンビで、そのゴールドワックス・サウンドの驚異については前に触れている。続いてケスラーが手を伸ばしたのがバーバラ&ブラウンズだった。彼らは64年スタックスから「ビッグ・パーティ」のヒットを出し、少しは知られた存在だった。その後2枚のレコードを作ったものの、鳴かず飛ばずでその契約は宙に浮いていた。そこでケスラーらは彼らと契約、さらに68年くらいまでにウィリアム・ボリンガー、ルドルフ・テイラー、キャロル・ロイド、アン・ホッジといったローカル・シンガーを手に入れた。まさしくサウンズ・オブ・メンフィス前夜を象徴するアーティストがこれらの人たちだといってもいい。

エースの誤謬

イギリスのケントでは10枚近くのCDが組まれているからケスラーたちの活動は傑出している。その1枚がバーバラ&ブラウンズの単独盤で、いかに彼らが重視していたかがわかろうというものだ。66年まず彼女たちは少なくとも3曲のデモ的な作品を残したが（*2）、驚くのはそのサウンドである。ホーンも入っていない荒削りのものだが、ギターはまさしくクラレンス・ネルソン、あのゴールドワックス・サウンドが飛び込んでくるのだ。デビュー曲はチップス・モーマンが手掛け、クラレンス・ネルソンがギターを弾いていたからその夢をもう一度の思いがあったのか。だがチップス・モーマンは自分のスタジオ経営とミュージシャン育成に忙しく、これらに関わっていたはずはない。

「アイ・ドント・ウォント・トゥ・ハフ・トゥ・ウェイト」は改めて本テイクがチャールズ・チャルマーズのプロデュースで作られ、66年8月にはキャデットから発売となった。以下アトコ、タワー、XLと続いていくが、ここまでが60年代の録音と考えていいだろう。それらはどのようなメンバーによって録音されたのだろうか。ケントのライナーでディーン・ラドランドは次のように書いている。

「スタン・ケスラーの偉大なハウス・バンドをまとめ上げる並外れた手腕、その初期のレコーディングのほとんどはアメリカン・スタジオのハウス・バンドによってなされていた。そのメンバーとはドラムスのジーン・クリスマン、ピアノのボビー・ウッド、ギタリストのレジー・ヤング、ベースのトミー・コグビル、キーボード奏者のボビー・エモンズである」（＊3）

またか、という思いしか出てこない。恐らくこのレーベルにはビリー・ウッドをリーダーとするスカイライターズ、その後身たるエヴァー・レディーズが所属していたので、バーバラ&ブラウンズにも同じバックがついたと考えたのだろう。だがチップス・モーマンがアメリカン・スタジオのこうしたメンバーを整備したのは、ようやく67年に入ってからのことなのだ。しかも彼はそうしたミュージシャンを必ず自分のスタジオで使っていた。しかるにスタン・ケスラーはその初期の作品をすべてサン・スタジオで録音していた。つまりチップス・モーマンは一切関わっていないと考えるしかない。この事実だけとっても上記のディーン・ラドランドの見解が誤りであることがわかる。それを証明する明らかな作品がある。バーバラ&ブラウンズが68年にアトコから発表した「キャント・ファインド・ノー・ハピネス」という曲である。アトランティックのファイルによれば、この曲は67年12月20日に録音されている。チャールズ・チャルマーズとポール・セルフ・ジュニアによって書かれたその曲はチャルマーズ主導でレコーディングされたが、その直後、ジョー・サイモンによって新たな光が当てられた。68年初頭に「ノー・サッド・ソングス」「ユー・キープ・ミー・ハンギン・オン」と好調に連続ヒットを放った彼がLP用にこの曲をレコーディングしたのだ。この時の模様は『メンフィス・ボーイズ』の中にかなり詳しく触れられているが、この曲がバーバラ&ブラウンズの曲であることはどこにも書かれていない（＊4）。それによれば、それらのセッションはすべてチップス・モーマンのスタジオでなされ、レジー・ヤングらの精鋭が集まった。つまりアメリカン・スタジオの面々がサポートしているのだ。かなりの力作になったことは間違いない。だがオリジナルにはそれを上回る切迫した雰囲気がある。特に流れるようなギターのサポートが効果的だ。これを弾いているのは明らかにレジー・ヤングではない。ハイのティーニー・

“Can’t Find No Happiness”の2ヴァージョン。Barbara & Brownsのアトコ盤とJoe Simonのサウンド・ステージ7のLP。このLPにはアメリカン・スタジオ録音の作品が多数含まれる。

ホッジスだ。ドラマーもジーン・クリスマンではなく、カーティス・ジョンソン、となればベースはフロッグだろう。つまりギターのクラレンス・ネルソン以外はほぼゴールドワックスのミュージシャンを引き継いでいる。不思議なことにこれ以降のXL／サウンズ・オブ・メンフィスの作品にはクラレンスは一切登場しないのだ。既にゴールドワックスでは66年末ジェイムス・カーの「ダーク・エンド・オブ・ザ・ストリート」でクラレンスは降り、以後彼の作品には参加しなくなる。時代的変化という以上の個人的な事情があったと考えるしかない。

ミゼリー

67年に入ると、ケスラーのソウル参戦はさらに本格化した。そのひとりがウィリアム・ボリンガーだった。彼はミズーリ州出身のかなり高齢のシンガーで、当時はすでに30歳を超えていた。淡白な歌い方をするのもそのせいで、チャールズ・チャルマーズに連れられてメンフィスで録音、そのうち2曲はチェッカーからリリースされた。その同じ曲「テル・ヒム・トゥナイト」を同じバック・トラックを使って歌ったのがルドルフ・テイラーだった。プロデューサーのチャールズ・チャルマーズは彼のミドル・ネームから取ったローマン（Roman）というレーベルまで作って彼を送り出すほどの力の入れようだったが、この作品もあえなく沈んだ。ただメインストリームから全国発売されたので、ボリンガー以上の成果は上げたのだろう。彼の未発表ナンバーでどうしても語らずにはいられない曲がある。『モア・ロスト・ソウル・ジェムス』で初めて紹介された「ミゼリー」という曲だ。恋人に去られ、どうしようもなく惨めな気持ちでいる（in misery）彼が、相手の真意を探ろう(search your heart)という作品である。実はこの曲は69年になってウィルソン・ピケットが「サーチ・ユア・ハート」というタイトルで、「ヘイ・ジュード」のB面として発表している。ライター名にはレイモンド・ムーアとジョージ・ジャクソンの名前があった。当然録音はマスル・ショールズだった。その同じバック・トラックを使い今度はジェイムス・カーが録音したが、それはお蔵入りとなった。その2曲は原曲の「ミゼリー」の歌詞をちょっといじっただけだが、テーマは大きく違う。つまりルドルフの作品では相手に去られたみじめさに力点が置かれた典型的な失恋ソングとなっているのに対して、「サーチ・ユア・ハート」の方は相手の気持ちに分け入り、何とかよりを戻そうとする前向きな思いに力点が置かれている。

かつてこの曲を最初聞いた時、そこにアンバランスさを感じ、二人の歌に割り切れないもどかしさを覚えたものだ。ところが原曲の「ミゼリー」では去られたという諦観の気持ちのほうが強いのか、かみしめながら歌っているようでそれが強く心を打つのだ。揺れる気持ちは最後の〝サーチ・ユア・ハート〟の繰り返しの熱唱に現れるだけだ。旧ゴールドワックスの面々とルドルフの歌唱がぴったり合った傑作と言っていいだろう。

引き継がれたミュージシャン

三人目に登場したのは女性名のようなキャロル・ロイドというシンガーだが、れっきとした男性シンガーだった。線の細い声でバーバラ・ブラウンも歌っている「ア・グレイト・ビッグ・シング」に取り組んでいるが、サザン・ソウル・シンガー特有の粘っこさに欠けると言わざるを得ない。それでもそれを立派なサザン・ソウルに仕上げるのがカーティス・ジョンソンやフロッグの腕でもあったのだろう。彼はタワーに2枚のレコードを残し、ニューカマーズの一員として巣立っていく。キャロルはマッド・ラッズのジョン・ゲイリー・ウィリアムスのいとこで、その兄弟でもあったランディ・ブラウンらとともに集められたまさしくフレッシュなメンバーだった。

XLのアン・ホッジ。300番台は一番長く続いた。

XLではようやく67年になってひとりの女性シンガーがデビューを果たした。アン・ホッジという決して力強いシンガーではなかったが、「ナシング・バット・ザ・トゥルース」はクラレンス・ネルソンが入っていないとはいえ、ゴールドワックスのサウンドそのものという作りとなった。「ユーア・ウェルカム・バック」でようやくガール・シンガーらしい可憐さを見せたが、案の定この曲はメンフィスのポップ・グループ、シャム・エッツにすかさずカヴァーされ多少評判を呼んだようだ。ソウル畑ではレヴィロットのテリー・フェルトンのカヴァーがある。彼女は「アイ・ドント・ウォント・トゥ・ハフ・トゥ・ウェイト」も歌っており、メンフィスのシンガーとしか思えないのだが。とにかく力があるシンガーだった。

それにしてもこのレーベルにカーティス・ジョンソン、クリーヴ・シアーズ、そしておそらくジェシー・バトラーらが揃ったのはなぜだろう。ゴールドワックスからそのメンバーが姿を消した後、それをまず引き受けたのはマーキュリーだった。そのレーベルは前述したようにジーン・ミラーが一手に引き受けていたため、66年から67年にかけてそれを引っ張ったのは当時のバンド・ドラマー、ハワード・グライムスだった。ところが67年に入ってからハワードが一時的にロック・バンドに加入したため、代わりにカーティス・ジョンソンが入り、ボビー・ヘブ、ヘレン・デイヴィス、ノーマン・ウェストらの作品が彼のスティックから生まれたのである。しかしマーキュリーの決断は早く、67年末には早くもメンフィス・ソウルから撤退してしまう。それをしぶとく受け止めたのがXLであり、スタン・ケスラーやチャールズ・チャルマーズだった。だが、ギタリストがその中で自由に舞うような時代は終わっていた。クラレンス・ネルソンの出番は激減し、代わりにティーニー・ホッジスやレジー・ヤングが主役となる時代に突入していた。彼らの利点はとにかくギター・カッティングがうまく、それに徹することができるということだった。

新たなスタジオ

68年も終わりに近いころ、スタン・ケスラー、ジーン・ルーケッシ、ポール・ボマリトの三人は新たなスタジオの建設に乗り出す。それがサウンズ・オブ・メンフィスだった。その動機は彼らがメンフィスの音楽ばかりでなく、他地域の音楽をそこに引き込み、より一般性を獲得することにあったに違いない。その手始めがブルース・ロックの世界でも大きな話題を呼んでいたアルバート・コリンズだった。彼はインペリアルから69年3月にアルバムを発表したばかりで、それに続く第二弾にはサウンズ・オブ・メンフィスのスタジオが用意された。それが『トラッシュ・トーキン』なるアルバムだ。ディスコグラフィーではロサンジェルスの録音となっているが、それは間違い。どういう経緯でメンフィス行きが決まったのかは不明だが、ルーケッシらにすればこれほどスタジオの宣伝に好材料のものはない。69年8月に発売の運びになっているから、かなりのやっつけ仕事だったたろう。だが皮肉なことにアルバムにはスタジオの記載もミュージシャンの記載も一切なかった。問題はどんなミュージシャンが引き受けたかということだが、それが結成されたばかりのディキシー・フライヤーズだった。メンフィス・ホーンズがついている曲もあり、あちこちにメンフィスらしさは感じられる。だが、これでは宣伝材料とはならない。同じ年彼らはデトロイトのヴェテラン、ベティ・ラヴェットを呼ぶことにする。

彼女は当時ナッシュヴィルにあって飛ぶ鳥落とす勢いにあったSSSインターナショナル傘下のシルヴァー・フォックスと契約していたが、そのオーナーであったリーラン・ロジャースはその手はずを整えていた。60年代もあと数か月で終わりという時だった。ベティは南部録音は経験していなかったが、リーランに不安はなかったようだ。むしろそのヴァーサタイルな性格に着目し、カントリー畑の作品を用意している。それが「ヒー・メイド・ア・ウーマン・アウト・オブ・ミー」だった。この70年はいわば生い立ち物がちょっとしたブームになった。クラレンス・カーターの「パッチーズ」などがそうだが、この曲も田舎で両親に育てられた女性が自立していく様を描いたものだ。まさにベティにはぴったりで、南部を中心に評判となった。既にカーティス・ジョンソンらの役目は終わっていたので、リーランはアルバート・コリンズと同じくディキシー・フライヤーズの続投を要望した。それがうまくはまり、忘れられぬ作品となった。彼女はアルバムが作れるほどの曲を残したが、この時代にそれは実現しなかった。ディキシー・フライヤーズは

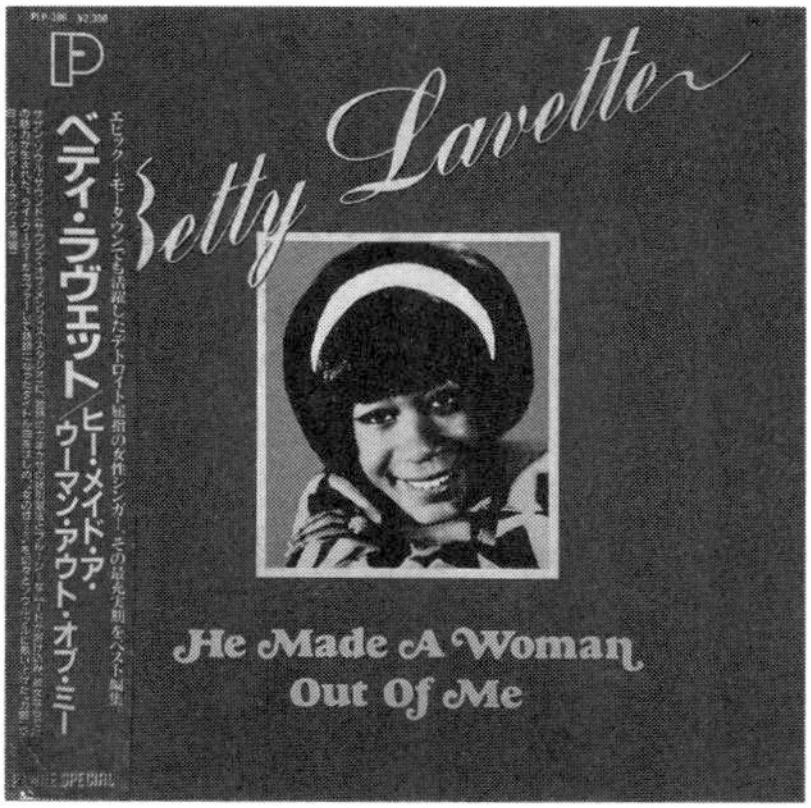

ベティ・ラヴェットのアルバムは日本で作られたが、当時はそのミュージシャンに関しては不明だった。

アトランティックのアレサ・フランクリンのために70年3月にはマイアミのクライテリア・スタジオに行ってしまうので、つかの間の仕事だったことになる。カーティス・ジョンソンらのバンドやディキシー・フライヤーズに去られ、スタン・ケスラーたちは新たなバンドを育成するよう迫られた。だがそれは簡単ではなかったようだ。事実サウンズ・オブ・メンフィスは1年半ほどのブランクを強いられた。その間メンフィスで目立つ動きを見せたのはスタックスで新たに設立されたエンタープライズを中心とする新たなソウル・スタイルだった。つまりアイザック・ヘイズの存在である。だがこの空白の期間こそ古いものが淘汰され新しいものに生まれ変わる時だった。

トレードマークス

少しXLやサウンズ・オブ・ソウルから離れ、当時のメンフィスの動きを探ってみよう。そのひとつは新たなミュージック集団やバンドの結成だった。ソウル音楽全体の変革はメンフィスにも及び、ファンクの波は確実に押し寄せてきていた。69年メンフィスで結成された集団はブラザーズ・アンリミテッドと名付けられ、キャピトルの網に引っかかっている。キャピトルは直ちに録音を試みそれは1枚のアルバムとなった。『Who's For The Young』(Capitol ST 600)がそれだが、シングル盤ではなくいきなりLPでデビューするというのがいかにも時代である。実はこのアルバムはメンフィスに新設されたフェイム・スタジオで録音された。よく誤解されている方があるが、69年にはリック・ホールはメンフィスにもかの有名なフェイムという名のスタジオをキャピトルの肝いりで建てている。ちょうどフェイムの配給元がアトランティックからキャピトルに移動し、その支援もあって可能だったと考えられる。そこで当時地元で活動していた彼らをキャピトルからデビューさせ、いきなりLP発売となったわけだ。このアルバムについては前に簡単に触れている。マッド・ラッズのシンガー、カーティス・ジョンソン（いうまでもなくドラマーとは別人である）やその弟ハロルド・ジョンソンがヴォーカリストとして参画していたからだ。

彼らの目指すのはむろんそれまでのメンフィスにはないファンクだった。名曲「ア・チェンジ・イズ・ゴナ・カム」を取り上げているとはいえ、いわゆるサザン・ソウルの趣はほとんどない。だがこのバンドには70年代に重要性を増す多くのミュージシャンが在籍していた。その幾人かを列記してみよう。レオン・アルドリッジ（ベース）、アルヴィン・ポッツ（オルガン）、チャールズ・アルドリッジ（ドラムス）オスカー・スミス（ギター）、ラリー・リー（ギター）。プロデュースはゴールドワックスでもやっていたアール・ケイジが担当している。

71年にはそのものずばりブラックロックというグループまで登場した。彼らはサンのサム・フィリップスらが新設したセレクト・オー・ヒッツからデビュー、まさに時代ならではの音を振りまいた。キーボードのアーチー・ターナー、ドラムスのコーネル・マクファデンらがメンバーになり、後にメンフィスの有力なスタジオ・ミュージシャンになっていく。実はこのコーネル・マクファデンはメンフィスではなく、マスル・ショールズから来た人間で、既に70年の8月にはアトランティックでレコーディングを経験していた。リック・ホールによってクラレンス・カーターのセッションに起用されたのが恐らくその最初で、「パッチーズ」が70年7月に大ヒットし、急遽アルバム作りのセッションに駆り出されたひとりがこのコーネルだった。だがその後アトランティックは急激にサザン・ソウルに対する興味を失っていくため、コーネルはメンフィスに向かった。そこで結成したのがブラックロックというバンドだったわけだ。だがそれが成功するはずもなく、彼はメンフィスのミュージシャンと再統合する。つまりマスル・ショールズ側の人間がコーネル、メンフィス側の人間がレオン・アルドリッジ、アルヴィン・ポッツ、オスカー・スミス、ラリー・リー、さらにキーボードのアーチー・ターナーとコンガのジミー・トンプソンが加わって全7人。要するにブラザーズ・アンリミテッドのメンバーがほとんど吸収されてしまったわけだ。それを彼らはトレードマークスと名付けた。

〝メンフィス〟というレーベル

70年から71年にかけては他にも動きがあった。オーティス・レディングと共に空に散ったバー・ケイズのメンバーが再結成したバンドも広い意味ではそうしたひとつといってもいい。彼らもアイザック・ヘイズを中心にスタジオ・バンドとしても活躍したからだ。さらにシカゴからやってきたジェリー・バトラーがここに加わった。彼はこの時期メンフィスに深くのめりこんでいる。彼はオーティス・レディングの生前オーティスと懇意にし、ホテルの一室でかの有名な「愛しすぎて」を共作したほどの仲だった。70年まずメンフィスにシカゴの名スタジオ、ユニヴァーサルに倣って同名のスタジオが建てられると、早速出資者として名を連ねている。同じ70年には何と自分のレーベルを画策し、翌71年の2月にメンフィス・コーポレーション設立が承認されると、その活動は本格化した。彼はそのレーベルをズバリ、メンフィスと名付けている。シカゴから彼の弟ビリー・バトラーやガールズというグループがジェリーに賛同してカタログに協力しているが、ジェリー・バトラーにとってはメンフィスのアーティス

ジェリー・バトラーが設立したMemphisレーベルのオリー・ナイチンゲイルのシングル。

トがいてこそそのレーベル名も生きると考えただろう。そこで彼はジェイムス・スペンサーとオリー・ナイチンゲイルをスカウトしている。前者はルーズヴェルト・ジャミスンが、後者はジーン・ミラーがプロデュースしているが、彼らのバックにはゴールドワックスで活躍したようなミュージシャンは既にいなかった。そこで白羽の矢が当たったのがトレードマークスだった。その演奏の中で際立った特徴を見せている曲がある。オリー・ナイチンゲイルの「アイル・テイク・ケア・オブ・ユー」だ。この曲はMemphis105として71年の6月にリリースされている。ジーン・ミラーやオリーはO・V・ライトの69年のカヴァー・ヒットを意識しながらも、そこに全く違ったアレンジを加えている。厳かで堂々とした作りのO・Vのヴァージョンと違い、オスカー・スミスのギターはリズム中心にはね、それをコーネル・マクファデンのドラムスが軽く受け止めている。2本入っているキーボード、すなわちアルヴィン・ポッツとアーチー・ターナーも効果を上げている。だがメンフィスはほとんど実績を残すことなく撤退、オリー・ナイチンゲイルはプライドに移籍して名盤の誉れ高いアルバムを発表するのは周知のとおりだ。

MGMの奮闘

71年になっていよいよサウンズ・オブ・メンフィスが再度動き出した。スタジオ経営だけでは限界があるとみとったスタン・ケスラーやジーン・ルーケッシらは再度レーベルの創設に乗り出す。それがスタジオ名と同じサウンズ・オブ・メンフィスだった。最初の録音は既に70年になされていたが、実際にリリースが始まったのは71年に入ってからのことである。ケスラーらはXLがうまくいかなかった理由として自主販売に頼りすぎたことにあるとして、今度はMGMの配給を伝にその傘下に入った。MGMはスタン・ケスラーがルー・ロバーツを手掛けていたレーベルでもあったからだ。彼の「ユー・フールド・ミー」はノーザン・ソウルとしてイギリスではよく知られている。当然のことながら、彼がサウンズ・オブ・メンフィスの最初のアーティストとなった。正直言って最初彼を耳にした時には興味が湧かなかった。ポップな感じが強かったからだ。ところが第2弾として出された〝Everything You Always Wanted To Know About Love/She's Not Mama's Little Girl Anymore〟(Sounds Of Memphis 704)を聞いてから考えを改めた。いかにも70年代的な新しい感覚で作られながらも、そこにはソウルフルな歌が展開されている。スタッフは彼をわざわざウェスト・コーストまで連れて行ってレコーディングさせたが、それが見事に功を奏した。以来このシンガーは

ジーン・ルーケッシらが設立したもうひとつのレーベル、Sounds Of Memphis。オヴェイションズの「タッチング・ミー」がチャートをとらえる。

黒人とばかり信じ切っていたのだが、後に白人であることが判明する。とはいうものの、このレーベルはダン・グリアが中心になって作品を作り続けている。彼自身が2枚のシングルを出しているだけでなく、あちこちに彼の名前が出てくるからだ。当時は彼が作ったレーベルに違いないと信じ切っていたものだ。しかしただ単にケスラーらの下にいた雇われスタッフに過ぎないことが後に判明するわけだが。彼はそのバンドとしてトレードマークスを起用し、女性三人組のミニッツ、バーバラ・ブラウンと徐々に手を広げていく。中でも近年極めて人気が高いのがミニッツの「スティル・ア・パート・オブ・ミー」という曲だ。ここにはそれまでのディープ、スウィート、ファンクといった表現ではあらわしえないグルーヴがあった。80年代以降メロウ・グルーヴといった表現であらわされる曲がこの時代メンフィスから、それもダン・グリアの手から生まれたのは驚きである。とはいえ彼は他のアーティストにもこのスタイルを強いていたわけではない。新しくなったとはいえ、依然サザン・ソウルの伝統は続いていた。その流れの中で彼はゴールドワックスの輝けるスターたちを引き受ける。ジェイムス・カーはアトランティックに、スペンサー・ウィギンスはフェイムに身を寄せていたが、オヴェイションズは契約が宙に浮いていた。72年に彼らと契約を交わすと、「タッチング・ミー」は7月にはチャートに顔を出し、このレーベルでは初めてのチャート・ヒットを記録した。ダン・グリアは当時勢いづくハイの音に憧れを抱き、何とか自分でも使えないかと考えていたという。ところがご存知のようにハイはちょうどアル・グリーンで上げ潮で、アン・ピープルズなど他にもタレントを増やそうとしていた。そこでダン・グリアはギタリストのティーニー・ホッジスだけでも借り出し、それとトレードマークスを組み合わせてレコーディングすることを思いついた。むしろファンク寄りのオスカー・スミスに比べ、ティーニーのギターがこの曲で効果抜群であることが読み取れるだろう。この方式をダン・グリアはバーバラ・ブラウンの「ビッグ・パーティ」やスペンサー・ウィギンスの「アイ・キャント・ビー・サティスファイド」にも適応している。だがサウンズ・オブ・メンフィスの命は72年までだった。ただしプロダクションとしての命脈はかろうじて保ち、ダン・グリア、ジョージ・ジャクソン、オヴェイションズはMGM本体の方に吸収されていく。

ここでも本命はハイの音、そしてその役者たちだった。ハイ・サウンドはいよいよ頂点を求めて突き進んでいく。

（＊1）『スタックス・レコード物語』P186の注17を参照せよ。

（＊2）『Lost Soul Gems From Sounds Of Memphis』（Kent CDKEND 378）に〝So Cruel〟、〝I Don't Want To Have To Wait〟（別テイク）が、『More Lost Soul Gems From Sounds Of Memphis』（同 CDKEND 421）に〝Human Emotions〟が収録されている。

（＊3）『Can't Be Satisfied ～ The XL And Sounds Of Memphis Story』（Kent CDKEND 283）

（＊4）『Memphis Boys ～ The Story Of American Studios』Roben Jones, p.114

第12章 メンフィス・アンリミテッド

沈黙の中

67年が最初のメンフィス・ソウルの最盛期だったとしたら、72年という年は第二の最盛期となるはずであった。実際それははっきりと記録に刻まれている。最初の最盛期を引っ張ったのは言うまでもなくスタックスのオーティス・レディングやサム&デイヴ、そしてヨーロッパの聴衆たちだった。それに対して72年の隆盛を引っ張ったのはアル・グリーンを筆頭とするハイのアーティストだった。むろんその時代スタックスも手をこまねいていたわけではない。新しいリーダー、アル・ベルのもとにステイプル・シンガーズやソウル・チルドレンが大きな花を咲かせたのもこの72年のことだ。だがこの年、真のリーダーとなるはずのO・V・ライトは沈黙の中にいた。実際彼は72年にひとつのチャート・ヒットすら作っていないのだ。67年にウィリー・ミッチェルが彼をプロデュースするようになってから毎年コンスタントにヒットを飛ばし、2枚のアルバムを作っているにもか

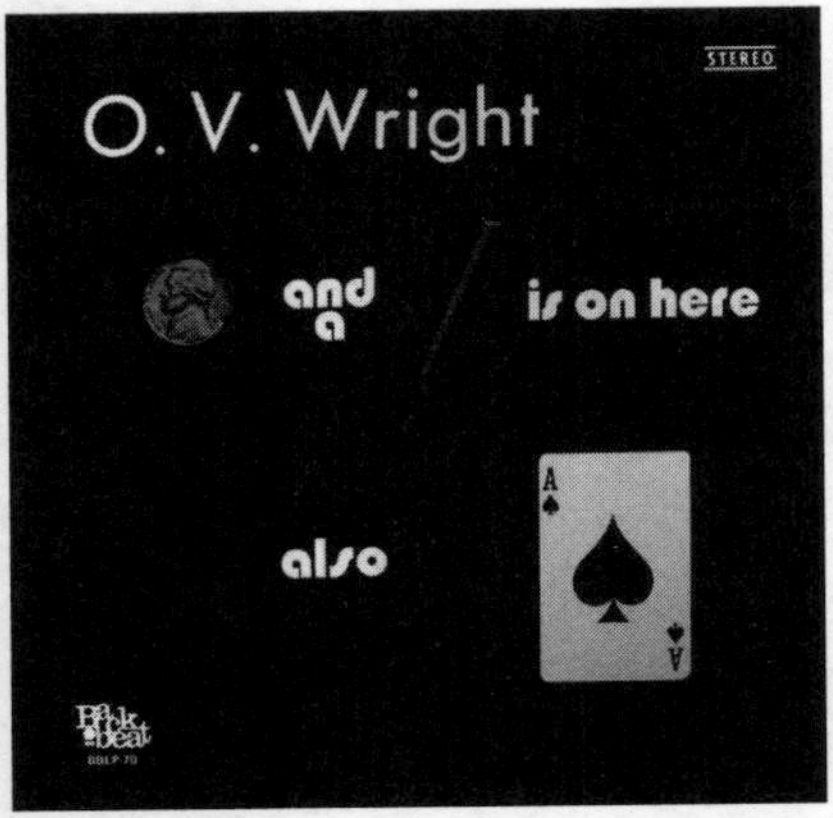

『Nickle And Neil』のLPジャケット。

『Memphis Unlimited』のLPジャケット。

かわらず、だ。恐らく72年にはレコーディングすらほとんどなされていないだろう。一体彼の身に何があったのか。

彼の実生活の大きな出来事は最初の妻ノーマとの離婚だったといわれる。そのきっかけは67年に芽生えていたようだ。彼はしばしば妻に暴力を加えるいわゆるDV被害を与えるようになっていた。その頃から彼はドラッグにも手を出し、モルヒネから作られるディラウディッドという麻薬系の鎮痛剤を服用するようになっていたようだ。さらにちょっとした窃盗など小さな罪を重ねるようにもなっていた。だがアメリカで重い罪を課せられるのは何といっても麻薬。彼は73年ヘロイン所有の罪で5年の刑を宣告され、10月にはテキサスの刑務所に送られている。実際は27か月の収監だったようだ。つまり72年のブランクはそうしたO・Vの私生活上の問題が大きく原因していたわけだ。ウィリー・ミッチェルはそうした時にも彼に救いの手を伸ばし、刑務所から仮出所させてレコーディングさせることもあったらしい。73年にレコーディングされたと考えられる『メンフィス・アンリミテッド』というアルバムはそうしたつかの間を利用したものだったのだろう。71年の『ア・ニッケル・アンド・ア・ネイル・アンド・エイス・オブ・スペーズ』に続く恐ろしいほどの傑作の連続だが、その肌合いはかなり違う。彼の実生活はそれらのアルバムに何をもたらしたのか、改めて2枚のアルバムを聞き比べてみよう。

凝ったレトリック

まず71年のアルバムからは3曲のヒット曲が生まれたが、タイトルに掲げられている2曲が鮮やかだ。非常に凝ったレトリックが使われており、オーティス・レディングやジェイムス・カーの曲の簡明さに比べるとその違いは一目瞭然である。「エース・オブ・スペーズ」は言うまでもなくトランプのカードをモチーフにしており、それにかけた内容となっている。つまりハート、ダイヤ、スペード、クラブにはそれぞれ持つイメージがあり、さらにキング、ジャック、10以下の札にもそれぞれの役割があるので、そのひとつひとつを〝解説〟してみせる。そして自分は最強の札、スペードのエースであると誇示するのだ。それであるなら愛するお前にそっぽを向かれることもないだろうと。

それに続いて作られた「ア・ニッケル・アンド・ア・ネール」はさらに凝っていた。例によって愛に満たされ、お金もたんまり持っていた過去を振り返り、今持っているのはただニッケルと釘だけだと慨嘆する。ニッケルが意味するのが小銭であることはすぐわかる。だが釘とはいったい何のことなのか。その最後の方で〝さびしかったら、ニッケルを使えばいい、困ったなら釘を使えばいい〟と歌っているように、ニッケルと鉄という金属を対照させていると考えていいだろう。つまりニッケルは素材としては柔らかいが、お金として役に立ち、一方鉄は実益は生まないが、強力な守り手として彼の役に立つというわけだろう。

ハイで最初に録音されたとされる「エイト・メン・フォー・ウィミン」もある意味凝った作りだった。この曲はアメリカの裁判制度に引っ掛けた曲で、陪審員が大体十二人から成るところから〝八人の男性と四人の女性〟と表現する。そこで被告席に立たされた主人公は自分がいましている愛が罪に当たるかどうかを問われるという設定である。途中〝オレは聞いた、弁護士がオレの愛について尋ね、その男を本当に愛しているのかと言ったのを〟という歌詞が出てくるので、いわゆる同性愛、同性婚をテーマにした曲とも考えられる。男女の愛であれば裁判にかけられるという設定は考えにくいからだ。となればこの曲は現代につながるテーマを先取りしていたともいえよう。この曲もメルヴィン・カーターが作ったとなれば、彼は手の込んだレトリックを好んだライターでもあったということになる。

だが他の7曲は古典的と言えるほど典型的な愛の歌であった。第一本人が書いた冒頭の「ドント・レット・マイ・ベイビー・ライド」からして古くからあるゴスペル「ドント・レット・ザ・デーヴィル・ライド」を改作したものだった。既に「アフリクティッド」については言及しているが、同じく切羽詰まったような歌い方を見せる「ボーン・オール・オーヴァー」は〝お前と出会って生まれ変わった〟と喜びを素直に表現し、逆に「アイ・キャント・テイク・イット」では彼女が去ったことに耐えられないと感情を爆発させる。この曲と「ドント・テイク・イット・アウェイ」はドン・ブライアントが腕を振るっているが、これなども古典的といってもいいほどのテーマを持っている。残る2曲にしても同じことがいえる。つまりウィリー・ミッチェルらスタッフはほとんど伝統に則った曲をO・Vに授けていたことになる。

人間の弱さ

では『メンフィス・アンリミテッド』はどうだろうか。この中には前作を受けた「ロスト・イン・ザ・シャッフル」という曲が入っている。作ったのは新進ライターのアール・ランドルだった。彼は実に巧みにストーリーをつなげている。タイトルが意味するのはトランプを切ってスペードのエースがどこに行ったか分からない状態を指す。彼女にカードを操られ、ぐうの音も出ない様子が伝わってくる。「エース・オブ・スペーズ」で見せた自信はどこに行ってしまったのだろうか。先のアルバムが強さの表現だったとしたら、こちらのアルバムはO・Vひいては人間の弱さを垣間見せているとは言えないか。実際前作のヒット曲やバラードにさえみなぎっていた息も詰まるような切迫感は薄れ、むしろ柔らかいミディアム・テンポの作品が全体を覆い、それが成熟したハイ・サウンドと両輪をなしていることがわかる。冒頭の「アイヴ・ビーン・サーチン」から彼は〝探しているものが見つからない〟と嘆く。では一体何を探してきたというのか。その途中で実に興味深い一節が現れる。〝オレが意味するのはチャンスが来た時にみんなで手を取り合って得ようとするようなものじゃない、むしろ誰にとっても揺るがない何かだ〟。拡大解釈をすれば、これは60年代末に盛り上がったような黒人としての自由とか連帯といったものではなく、もっと個人的に重要な何かだろう。この曲を書いたのも先と同じようにアール・ランドルだが、彼はO・Vの気持ちを代弁しているようにも思える。

アールはその後メンフィスのレーベルからデビューし、何枚かの作品を残したが、シンガーとしては成功しなかった。だがこのアルバムでは3曲でペンを執り、ウィリーによって重要な役割を与えられた。もう1曲の「ナシング・カムズ・トゥ・スリーパー」もなかなか深い曲だ。例によって深い苦しみを受けてきた彼が現にいる。前半はその彼に向って横になってひたすら

Earl Randle のシングル"Papa"はウィリー・ミッチェルに捧げる曲となった。その前にはキング牧師に捧げる曲も歌っている。

寝ろ何日も、いや何週間も、寝ている者にやってくるのは夢だけだと説く。だが最後の一節で、起き上がれ、人生を無駄にするなと鼓舞するのだ。恐らくアールはO・Vのすぐ身近におり、彼の離婚や犯罪、さらにそれによる心境の変化もすべて承知だったのだろう。この3曲はそのあたりの変化を見事にとらえ、曲として膨らませている。

ウィリーはそのアルバムに変化をもたらせるためかダリル・カーターとジョニー・コープランドという全く別のライターも多用している。だがコープランドの2曲「ゲットー・チャイルド」と「ユー・マスト・ビリーヴ・イン・ユアセルフ」はコープランド自身がケントに録音していた曲のカヴァーだった。ただ単にO・Vにうってつけということでアルバムに収められたのかもしれない。ダリル・カーターの作った「ジ・オンリー・シング・ザット・セイヴド・ミー」も彼が前にTTCに録音していた作品だった。だが他の2曲はチャールズ・ホッジスらと共作したオリジナルだった。彼らはそこに罪の意識を忍ばせているように思える。「アイド・ラザー・ビー(ブラインド・クリップド&クレイジー)」ではこれまた彼女に苦しめられてきた彼がそれほど心を割かれるくらいなら、むしろ目が見えなくなり、びっこになったり、気違いになった方がましだと訴える。だが失恋くらいで盲目やびっこを望むというのは大げさではないのか。これは大きな過ちを犯してきた彼に対する仕打ちのようにも思える。

また「プリーズ・フォーギヴ・ミー」は文字通り、彼女を苦しめてきたことを〝許してくれ〟

と懇願する歌だ。だが今までいくら失恋の歌を歌ってきても許してくれと問いかける歌はなかった。ここにも彼がその罪を悔いるという心境の変化があったように感じられる。中でも感動的な作品が「ヒーズ・マイ・サン」という曲だ。〝お務め〟で5年間家を空け、家に戻ってくると妻に3歳の子供がいる。弟の子供だった。思い悩みながらも自分の子供だと言い聞かせるという曲である。実は問題はこの〝お務め〟である。わたしはそれが兵役であると長いこと思っていた。日本でも第二次大戦のあとよく聞いた話だったからだ。アメリカでも当時はまだヴェトナム戦争が続いており、それが背景にあると考えていた。だがそれにしても5年は長すぎる。ところがO・Vが5年の刑を受けたという事実を知ってすべてが氷解した。この〝お務め〟とはまさに刑務所に入った時期ではないかと。この曲にも当時の彼の実生活が投影していた。このアルバムの最後が「メモリー・ブルース」で総括し、「アイム・ゴーイング・ホーム」というゴスペルで終わらせているのはウィリーの彼に対する配慮からだったろう。まさしく『メンフィス・アンリミテッド』はウィリーがO・Vと息を合わせて作り上げた傑作中の傑作だった。

O・V以外に望んだもの

O・V・ライトに心酔していたのはわれわれのようなリスナーばかりではない。彼とぴったり寄り添ってきたハワード・グライムスは「O・Vには自身の悪魔があった」（＊1）と語る。まさにズバリである。彼の生きざまをその一言で表しているだけでなく、最大限の賛辞であるようにもわたしには思える。小さな枠にとどめておけないような奔放さは彼の音楽の底知れぬ発信力を与えた。その発信力がまさしく人間離れし、悪魔的ともいえるものなのだ。わたしにはO・Vは彼の背負う罪と引き換えに天賦の声を与えられたのではないかとさえ思えてくる。ハワードはこうも言っている。「わたしが一緒に仕事をした中でO・Vは最もすばらしい歌い手だったと思うな。わたしは心から彼を愛していた」（＊2）

彼ばかりではない。ウィリー・ミッチェル自身がO・Vの大ファンだったという。「彼はすごくエモーショナルだった。声そのものに痛みを分かつ響きがあった」（＊2）とも語っていたという。それはウィリーとO・Vとの関係の中にはっきりとした証拠を見つけることができる。彼はバックビートで最初のレコーディングに携わってから、何と13年間もその関係を続けたのだ。その間にO・Vが離婚し、犯罪に手を染め、さらに刑務所まで送られたにもかかわらず、彼は見捨てるどころか手を差し伸べ、陰で支えてきた。O・Vの才能をよほど認めていなければ、できなかったことだろう。ウィリーのすばらしいところはO・Vのこうした特性に惚れこみながらも、決して他のシンガーにはそれを求めなかったという点である。実績から行けば、O・Vは同じハイのアーティスト、アル・グリーン、アン・ピープルズ、シル・ジョンソンといった人たちには及ばなかった。恐らくウィリーはアル・グリーンにはセクシーさと男らしさ、アン・ピーブルズには飾り気のないブルージーさ、シル・ジョンソンには破天荒なファンキーさを求めていただろう。それが自ずとO・Vとは違った個性を作り出し、また成功にも結び付いたのだ。

ウィリーは他に何を望もうというのか。だが実際にはその何倍ものアーティストにあたり、レコーディングを行なっていた。中でもO・V・ライトに一番近い個性を持っていたのがオーティス・クレイだったといってもいいだろう。実際彼はO・Vのシンガーとしてのすごさを素直に認め、O・Vの「アイ・キャント・テイク・イット」「スロー・アンド・イージー」をレパートリーに取り入れていた。日本では来日ということが機縁となり、まさしくスターとなったオーティスではあったが、その姿勢はあくまで謙虚であり、その人柄を写すように誠実であった。わたしもハイに残された2枚のアルバムは名盤と言わざ

フランキー・ギアリング。

オーティス・クレイ。

るを得ないと思っているが、「イフ・アイ・クッド・リーチ・アウト」のようなオーティスらしい名曲、名唱を彼の代表曲に仕上げられなかったのはウィリーの非と言っても過言ではあるまい。実際この曲は先の2枚のアルバムには収録されず、日本のステージで歌ってようやくその真価が認められたという経緯があった。実は女性でも犠牲になった人がいた。フランキー・ギアリングをリードとするクワイエット・エレガンスだ。彼女たちも7枚ものシングルを発表しながらも、結局1枚のアルバムも残せずにハイを去ったという無念な結果に終わっている。その彼女たちをウィリー・ミッチェルはあえてアル・グリーンと同じようにハワード・グライムスではなくアル・ジャクソンを呼んでレコーディングするということがあった。「アイ・ニード・ラヴ」のセッションである。だがその期待もむなしくチャート・ヒットは作れず、結局通常のハイ・リズムに戻して「ユーヴ・ガット・マイ・マインド・メスド・アップ」のヒットが生まれるという経緯があった。それにしてもジェイムス・カーの名曲を73年になって吹込ませるとはちょっと渋くはないか。案の

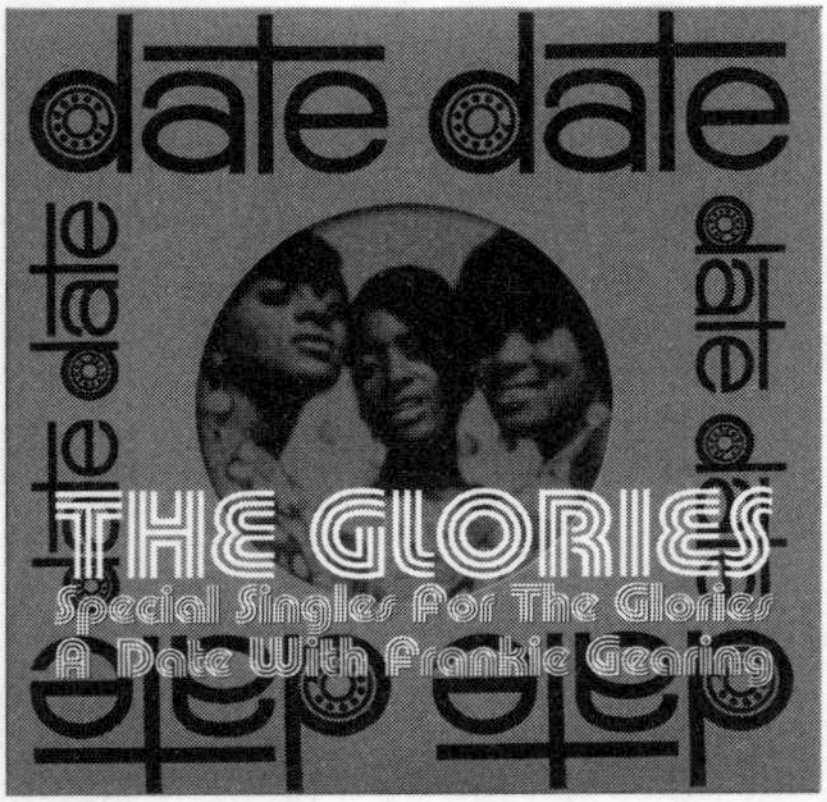

クワイエット・エレガンスの前グローリーズ時代のCDも日本のみで作られた宝である。

定彼女たちはオーティス・クレイ同様、日本で絶大な人気を誇るという彼女たちにとってみればあまりありがたくない運命をたどる。ウィリーは最後には彼女たちのプロデュースを降り、最後の2枚のシングルではそれをダン・グリアに任せている。ウィリーのアプローチとはまるで違う「アフター・ユー」や「ルーツ・オブ・ラヴ」といった傑作が生まれているが、グリアはサウンズ・オブ・メンフィス同様、トレードマークスを中心に起用しているように思える。

仮装した男たち

不運と言えばマスカレイダーズの場合がその典型かもしれない。彼らはベルやAGPでヒット曲を作るほどの実績があったが、ハイでは2枚のシングル盤しか出させてもらえず、しかもB面曲は同じ、つまり3曲しか出されていないのである。メンフィスのグループとしても重要なので、ここでその経歴を振り返っておこう。

マスカレイダーズはそもそもテキサスで旗揚げされたグループだった。ところが、60年代中期、時はモータウンの時代、デトロイトの時代とばかり、デトロイトに行ってしまう。そこでモータウンの門をたたいたものの、ふたつ目のテンプテーションズはいらんと断られ、ラ・ビートと契約、しばらくはその地での活動が主となった。だがその地でもヒットは出せず、67年勇躍メンフィス

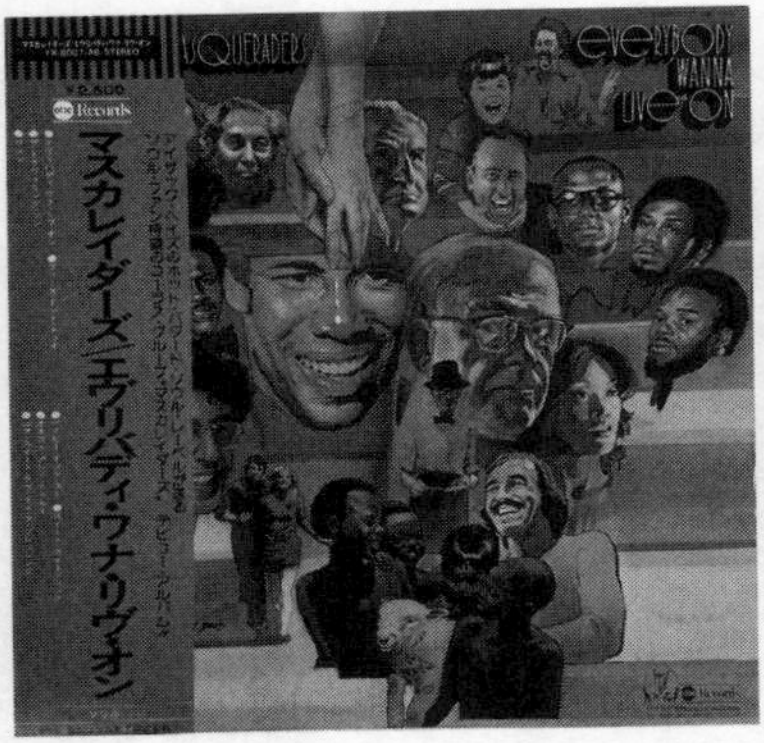

マスカレイダーズの代表曲 “I Ain't Got To Love N obody Else” とその後出された日本盤 LP『エヴリバディ・ワナ・リヴ・オン』。

に南下する。そこでダラス時代から知り合いだった歌手アルヴィン・ハワードを通じてアメリカン・スタジオのチップス・モーマンを紹介された。その時彼らのオーディションを担当したのはボビー・ウォマックとダリル・カーターだったという。既にボックス・トップスやウィルソン・ピケットがそのスタジオで成功していたが、それから遅れること半年、67年11月には最初のレコーディングに臨んでいる。契約したレーベルはワンドだった。そのプロデュースを最初請け負ったのはトミー・コグビルだが、彼はアトランティックの仕事でそうであったように、通常のアメリカン・スタジオのメンバーを使い、ボビー・ウォマックはギタリストとして呼んでいない。リード・ギターはレジー・ヤングに任せたが、彼はウィルソン・ピケットとのセッションで学んできたボビー・ウォマックの弾き方を実践して見せた。ところがチップス・モーマンはなおもウォマックの起用にこだわり、マスカレイダーズのセッションに積極的に投入した。L・C・クックの「レッツ・ドゥ・イット・オーヴァー」と同じ顔触れが揃ったわけだ。その時生まれたのがアップ・テンポの豪快な「ドゥ・ユー・ラヴ・ミー・ベイビー」と沈着なスロー・ナンバー「スウィート・ラヴィン・マン」。この姿勢は68年にベルに移ってからも変わらなかった。ところがその最初のシングルはリー・ジョーンズ&ザ・サウンド・オブ・ソウルの名義でエイミーの方から出されてしまう。リー・ジョーンズというのはこのグループでずっとリードを張ってきたガッツあふれるシンガーなのだが、恐らく当時ソウル界でグループよりもリード・シンガーを重んじる傾向に倣ってこうした措置が取られたのだろう。だがマスカレイダーズにその名前を捨てる気はさらさらなかった。今一度グループ名で「アイ・エイント・ガット・トゥ・ラヴ・ノーバディーズ・エルス」をベルからリリースすると、68年の9月にはチャート入りを果たしている。7位まで上がる大ヒットともいえる成果だった。だがそれも当然だろう。五人の息がぴったり合っているだけでなく、ウォマックのギターが実に効果的に曲を盛り上げているからだ。彼らの代表作というにふさわしい作品である。

チップス・モーマンとトミー・コグビルは既に作っていたアン・アメリカン・スタジオ・グループ・プロダクション(この時代には簡明にスタジオの単語を抜いていた)をレーベル名にすることを決心し、短縮してAGPとした。69年までに一気に30枚近くのレコードが出されたが、結局はマスカレイダーズに頼るしかなく、2年ほどでつぶれている。彼らは69年にも「アイム・ジャスト・アン・アヴェレッジ・ガイ」のヒットを飛ばし、71年までチップス・モーマンやトミー・コグビルとの関係を続けたが、後続ヒットは生まれなかった。この時期ボビー・ウォマックは既にこのスタジオをやめており、レジー・ヤング1本のギターだった。ハイに入ったのは73年のことだが、既にリー・ジョーンズはおらず、AGP時代の仲間だったサム・ハッチンズが主にリードを務めるようになっていた。ウィリーの代わりにダリル・カーターがプロデュースに当たり、「ウェイク・アップ・フール」のような力作が生まれはしたが、ほとんど評判を呼ばなかった。ハイに所属した多くのシンガーたちはウィリーがアル・グリーンに目をかけすぎるあまり、他のアーティストのプロモーションを怠ったと不満を述べるが、それも当たらずとも遠からずといったところだろう。

マスカレイダーズがメジャーに上り詰めたのはその後のことだ。手を差し伸べたのはアイザック・ヘイズだった。彼らは75年にヘイズのレーベル、HBS（ホット・バタード・ソウル）と契約、そのレーベルがABC傘下だったため、ABCから2枚のアルバムを出すことができた。そのため当時日本盤も出され、結構話題になったものだ。既に伝説的になっていたマスカレイダーズが復活した、それが話題の中心だったと思う。ところがベルのようなサザン・ソウルを期待していた衆、それはほとんど少数だったろうが、それにとっては喜び半分、失望半分だったことを思い出す。ヘイズは当時バーケイズを引き継ぎ、そのドラマーだったウィリー・ホールやベン・コーリーを中心にザ・ムーヴメントというバンドを率いていた。その新たなメンフィス・サウンドとマスカレイダーズのサム・ハッチンズの出会いがかつての熱烈なファンを戸惑わせたというわけだ。だが、シュレルズの曲をカヴァーしたヒット作「ベイビー・イッツ・ユー」などスウィート・ソウルとして聞けば、決して悪くないし、メロウ・グルーヴの秀作「スウィート・スウィーティング」などもあった。

このようにメンフィス・ソウルに1ページを残したマスカレイダーズではあったが、あまりメンフィス・ソウルの中で記憶されていないのはなぜだろうか。そのキャリアが長く、外様というイメージが拭えないからだろう。だがメンフィス・ソウルはある意味でオーティス・レディング、サム&デイヴ、ジョニー・テイラー、ドラマティックスといった外様によって潤いを与えられ、発展してきたのではなかったか。マスカレイダーズもまたその欠かせない一部だったのである。

判官びいき

先にウィリー・ミッチェルがアル・グリーンに力を入れるあまり、他のアーティストの育成を怠ってきたのではないかと書いたが、逆に言えばアル・グリーンの成功によって、ウィリーが様々なタレントを抱えることができたのも事実だった。実際ハイの中で数枚のシングルで終わったシンガーは後を絶たなかった。するとどうしても半官びいきというか、そういったアーティストに肩入れしたくなる。たとえばハイの中でも辛口のバラードとして知られる「スウィートネス・エイント・スウィート・ノー・モア」を歌ったT－99などは、その謎めいたグループ名とシングルの買いにくさから日本では有名だった。そのおかげで現在では後にソロ・シンガーとして独立するウィリー・ウォーカーのグループであることが判明している。だがハイの供給体制が安定していたせいか、極端にレアなシングルというのはないようだ。むしろ近年ではグルーヴ重視の人気が高まっており、クワイエット・エレガンスよりジーン・プラムのようなシンガーにファンの関心は移っているように思える。たとえばジーン・プラムの「ルック・アット・ザ・ボーイ」「ヒア・アイ・ゴー・アゲイン」といった作品は容易に買えないシングルとなっており、わたしが編集した『ハイ・レアリティ』のシリーズでも4曲選曲し、前者は第3集の頭に置いたほどだ（＊4）。発売当初から大好きな曲だっただけに、なぜ今になってこれらの曲ばかりが、と頭をかしげてしまう。ジーン・プラムはウィリー・ミッチェルがシカゴでスカウトしたシンガーの一人だった。その意味でも都会的な柔らかさがあり、それが現在でも受ける理由のひとつなのだろうが、メンフィス・ソウルの流れで見れば、アル・グリーンの路線と大きく異なるところはない。ハイは70年代を通してメンフィス・スタイルを守り通したというのが平凡ではあっても、正直な結論と言わざるを得ない。

（＊1）Howard Grimes 前掲書、P66
（＊2）同右
（＊3）Jimmy McDonough 前掲書、P83
（＊4）同シリーズ『Vol.3テンダー&メロウ〜エニイ・ウェイズ・ザ・ウィンド・ブロウズ』（ソリッド CDSOL 5074）参照。

第13章
宴のあと

スタックスの金字塔

ウィリー・ミッチェルが73年にメンフィス・ソウルに限りはないと宣言した時、そこにどんな思いを込めていたのだろうか。音楽に限らず限りのないものなど存在はしない。ウィリーがO・Vのアルバムに『メンフィス・アンリミテッド』と名付けたのも、単なる願望だったのか、それとも彼らの作り上げた音楽が末永く愛されるという自負の表れだったのか。70年代のメンフィス・ソウルを引っ張ってきたのがハイのウィリー・ミッチェルであることは再三触れてきたとおりだが、それは意外にもそれまでシーンの主役であったスタックスをも動かした。当時のスタックスは周知のようにメンフィス・ソウルというにはあまりに大きくなりすぎていた。メンフィスにありながらも実際にはマスル・ショールズやデトロイトで録音されたものが多数あったからだ。かつてその大半の音を生み出していたMGズも姿を変えていた。その一因がアル・グリーンの台頭にあったことは間違いない。そのヒット曲の多くにアル・ジャクソンが参加することによって60年代とは全く違ったメンフィス・スタイルが創造され、皮肉にもそれがスタックス本体のスタイルをも変えてしまったのである。その代表的な1枚にソウル・チルドレンの『ジェネシス』がある。70年代のスタックスが到達した金字塔といってもいい。アル・グリーンがグーンとのしてきた72年に本アルバムもリリースされた。熱血溢れる「ヒアセイ」というジャンプ・ナンバーが生

Soul Children の名盤『Genesis』。

まれたアルバムとしてよく知られるが、男二人女二人の絡み合いが繰り広げられるスロー・ナンバーがさらに濃厚を極めた。だが、スタックスのハウス・バンドであったＭＧズがすべてを仕切るような時代は終わっていた。それは彼らの69年のデビュー作と聞き比べてみれば明らかだ。デビュー・アルバムの作りを任せられたアイザック・ヘイズとデヴィッド・ポーターのふたりはほとんどそれまでのスタックスのルーティーンに従ってアルバム作りを進めていたが、この『ジェネシス』では1曲にかける時間がグーンと長くなり、いわゆるためのある演奏となっている。ＭＧズが演奏したものですらメンバーの顔触れには入れ替えがあった。すなわちスティーヴ・クロッパーは既に去り、代わりにレイモンド・ジャクソンやボビー・マニュアルがギターを弾き、ブッカー・Ｔやアイザック・ヘイズに代わってジョン・ケイスターやマーヴェル・トーマスがキーボード担当となっていた。それが直ちにスタイルを変えたとは言えない。だが3分以内の時間にアル・ジャクソンのドラミングを凝縮するような時代は終わっていた。まさにウィリー・ミッチェルがアル・グリーンのセッションでハワード・グライムスの代わりにアル・ジャクソンを呼び寄せたことが皮肉にもこの変化をもたらせていたのだ。つまりアル・ジャクソンの柔軟性が60年代の堅固なメンフィス・スタイルを融解させていたわけだ。

スタックスの68年から70年くらいまでの作品を丁寧に追ってみれば、その変化は手に取るようにわかる。69年くらいまでスタックスはメンフィス録音である限り、アル・ジャクソンを含むMGズがほぼすべてバックを担当していた。ドン・デイヴィスがジョニー・テイラーを手掛けても、リズム・セクションだけはMGズに任せ、しかる後にデトロイトで音を完成させていたにすぎない。そのいわば約束事を最初に破ったのはカーラ・トーマスだった。アル・ベルは新しいスタックスの最初の作品を録音するためにカーラをわざわざ彼の本拠地だった東海岸まで連れて行き、ドラマーのバーナード・パーディらをあつらえてレコーディングに臨んでいる。それが「ウェア・ドゥ・アイ・ゴー」だった。この作品は幸いB面曲と共にチャートに上がっているが、スタックスの方針を変えるほどのインパクトは持っていなかった。彼女はそのあとまた再びMGズと録音を繰り返しているからだ。とはいえ、彼女が変わりゆくスタックスの大使役を担っていたことは確かなようだ。スタックスは70年6月には彼女をわざわざチップス・モーマンのアメリカン・スタジオまで連れて行き、アルバム1枚分のレコーディングまでしている。結局出されたのはシングル1枚だけで、後にCD化されて判明したわけだが（＊1）。

曲がり角

それに続いたのはウィリアム・ベルとエディ・フロイドだった。彼らはそれぞれ「アイヴ・ネヴァー・ファウンド・ア・ガール」、「アイ・フォゴット・トゥ・ビー・ユア・ラヴァー」というヒットを68年に放っているが、それらをプロデュースしたのはいずれもスティーヴ・クロッパーだった。彼は当然のごとくアル・ジャクソンを含むMGズをバックに充てたが、アルバムを作る際にはアル・ジャクソンが抜けることもあったようだ。アルがしばしばウィリー・ミッチェルに呼ばれ、空白になった時埋めたのはスタックスのエンジニアであったロン・カポーンであった可能性が強い。彼はアル・ジャクソンとよく似たドラマーとしても知られていたからだ。だがアイザック・ヘイズの方はバーケイズのメンバーを使うことを好んだ。ドラマティックな構成を好む彼の楽曲は既にMGズの手に負えないものとなっており、彼はまだ未知数だったバーケイズを大きく使った。その重要なメンバーのひとりにウィリー・ホールがいる。彼は50年生まれと若く、まだセッションを任せられるほど成熟していなかったが、バーケイズでもまれ、経験を積むうちに一流のドラマーへと成長していった。アイザック・ヘイズは好んで彼を使い、やがて彼のバンド、ムーヴメントの中核メンバーとなっていく。

69年の中ごろから70年にかけてアル・ジャクソンの出番は明らかに減っていた。そのうちブッカー・Tがスタックスを去ると、MGズは名実ともに弱体化した。アル・ジャクソンはマッド・ラッズ、ソウル・チルドレン、アルバート・キングといった限られたアーティストのみとレコーディングするしかない立場に追い込まれていた。とはいえこうしたアーティストでアル・ジャクソンが輝いていたことも確かである。ムーヴメントを使ってのアイザック・ヘイズによる「バイ・ザ・タイム・アイ・ゲット・ザ・フェニックス」の大仰な作りとマッド・ラッズによる3分以内の引き締まった同曲を比べてみれば、メンフィス・ソウルとしてどちらの価値の方が高いかは、言わずもがなといったところだろう。特に後者の最後に見せるアル・ジャクソンのドラミングとホーンのからみは絶品というほかない。むろんアイザック・ヘイズを従来のメンフィス・ソウルと比べるのは野暮というものだろう。彼はメンフィスを超えたところで独自の音楽スタイルを作り出し、一世を風靡したのだから。

アル・ジャクソンがソウル・チルドレンに肩入れしたのには恐らく理由があっただろう。J・

アル・ジャクソンの名演が聞ける "By The Time I Get To Phenix" を収録したマッド・ラッズの LP。

ブラックフット、ノーマン・ウェストといった60年代から活動していたシンガーを擁していたばかりでなく、彼らのスタイルが60年代に通ずる辛口のソウルという趣を持っていたからだ。だが、アルバム全体をすべて同じメンバーで仕切るというような時代ではなくなっていた。先に触れた『ジェネシス』においても、その次に作られた74年の『フリクション』でもアル・ジャクソンの出番は限られている。そうはいっても彼ら最大のヒット曲「アイル・ビー・ジ・アザー・ウーマン」、「ジャスト・ワン・モーメント」といった重要な曲の役を担ったのはやはり彼の存在感の大きさを示すものと言っていいだろう。

74年になってスタックスはトゥルースというレーベルを新設したが、その時にまたアル・ジャクソンにチャンスが回ってきた。この時代にはアル・ジャクソンは既にスタックスのハウス・ドラマーとしての役割はとっくに終え、数多いプロデューサーのひとりでしかなかった。ハイがほぼ同じミュージシャンで固め、ウィリー・ミッチェルが大きな権限を握っているのとは対照的だった。実際このトゥルースでもアラバマ州バーミングハムでレコーディングを続けるフレデリック・ナイト、マスル・ショールズ録音を行なうサンドラ・ライトといったいわば部外者が主力メンバーとなっていた。そんな時アル・ジャクソンに声をかけてきたのがジム・スチュワートだった。スタックスの創業者でありながらアル・ベルが運営面を握ることになってすっかり影の薄くなっていた彼は、アルにあるシンガーのプロデュースをやろうと働きかける。スタックスの中心部を担ってきたふたりだからこそ意気投合したのだろう。幸い心当たりのシンガーがいた。当時セントルイスをベースにしていたシャーリー・ブラウンという20代後半の女性である。彼女は数年前にデビューしていたが、やはりセントルイスで活動していたアルバート・キングに誘われていてスタックスに紹介された。そこでレコーディングしたのが「ウーマン・トゥ・ウーマン」という曲。語りから入る印象的な作品で、澄んだ高音域をうまく活用したバラードに仕上がった。女同士の愚痴を巧みに取り入れるという歌詞が功を奏し、74年の末には見事1位に輝いた。アンサー・ソングもいくつか生まれ、当時随分話題になったものだ。とはいえこれでメンフィス・ソウルが復活したというのは早計だろう。アル・グリーンはまだまだ頑張っていたとはいえ、サザン・ソウルは明らかに曲がり角に差し掛かっていた。それから1年もするとスタックスは倒産に追い込まれ、ハイもまた配給元をロンドンからクリームに変更せねばならなくなるのだから。

悲劇

75年10月悲劇的な事態が発生した。アル・ジャクソンが死亡したというのである。この報は日本にも伝えられたが、ただ単に強盗に押し入った者に射殺されたという簡単なものだった。だがそれだけに衝撃は大きく、わたしにとってはオーティス・レディングらの飛行機事故死に匹敵するショックを受けたものだ。実はその事件に関しては未だ未解決なのだという。わたしが考えるのはそれが全く偶発的なものなのか、それともある歴史の意思が働いて死に至ったのかという点である。さすがに音楽シーンがアル・ジャクソンの存在を疎ましく思っていたとは考えにくいが、この世界一個性的で偉大なるドラマーの消滅がその後の音楽シーンを画一化し、いい意味でも悪い意味でもソウル・シーンのみならず、そのシーンを大衆的にしてしまったことは事実だからである。

その死には伏線があった。彼と妻であったバーバラ・ジャクソンとの確執である。同じ年の7月には妻との大ゲンカが高じて妻に胸をピストルで撃たれるという事件が発生していた。それに怒ったアルも38口径を取り出して妻を殺す気にさえなったが、それは床に向かってぶっ放されたという。結局それは妻の正当防衛ということになったが、それでもなお二人が同じ家で暮らしたというのが不思議である。それからひと月もたたずして事件は起きた。賊が彼の家に侵入し、バーバラを縛り上げたうえに、帰ってきたアル・ジャクソンを床に伏せさせ、ピストルで撃ったというのである。今度は命は助からなかった。当然数か月前に妻が発砲していたから、その妻の手引きとも疑われ、さらに容疑者としてデニース・ラサールやその恋人の名前まで出ていたというから驚く。なぜこんなところに著名なシンガー、デニースの名前まで出てくるのか。彼女はハイ・サウンドに憧れてはいたが、アル・ジャクソンとはセッションは持っていないはずである。どんな利害があったというのか。まさかスタックスよりハイの優位性を確立するために抹殺したわけではあるまい。恐らく彼に対して誰かに利害があったとすれば、それはあくまで個人的な利害であったに違いない。だがそれもすべて想像の域を出ない。

アル・ジャクソンの死は明らかに、あるメンフィス・サウンドの死でもあった。MGズのほかの楽器は他人で肩代わりできたとしても、ドラムスという楽器だけは決してアル・ジャクソンの代わりを務められる者はいないからである。それがスタックスの死を意味していたとしても仕方あるまい。スタックス倒産後もジム・スチュアートはR・B・ハドモンのようなシンガーをプロデュースし続けたが、彼にスタックスのあとを背負わすのはいかにも重荷だった。

ソウル・チルドレンのような最もメンフィスらしいアーティストですらスタックスの残党は部分的な関りに過ぎなくなった。彼らが78年再興したスタックスで作ったアルバムというのがあるが、そのバック・ミュージシャンは一新され、70年代初中期の輝きはない。

引き継がれた伝統

その後もハイの中心的存在であり続けたハワード・グライムスを別にすれば、アル・ジャクソンの役割はメンフィスのドラマー、ブレア・カニングハム、ジェイムス・ロバートソンといったドラマーに引き継がれた。ブレアが育ったカニングハム家は由緒ある家系だった。父親はケリー・カニングハム・シニアと言い、その長男であるケニー・カニングハム・ジュニアはドラマーとして兄弟にその技を伝授した。ブレアはその末弟で、57年に生まれるという若さだった。十三人の子供がいたといわれており、そのうち10人が男の子だった。中でも有名なのが48年に生まれたカール・リー・カニングハムだった。彼は既に十代の頃からバンドを組み、それは名高いバンドに発展した。初代のバーケイズである。そもそもアル・ジャクソンに見いだされただけに、メンフィスらしい弾力性のあるドラマーで、それは彼らのヒット曲「ソウル・フィンガー」ひとつとってみても明らかだ。だがそのヒットを出した同じ年の末、カールはオーティス・レディングらとともに湖に消える。

カニングハムの名義はあるレコードにも登場する。それがジ・ワンAズなる名義で出され、そのものずばりAレコードから2枚のシングル盤となった。このシングルにはL・カニングハムの記載があり、やはり兄弟のグループに思えてならない。スタイルはさらにMGズに近く、60年代中期のものではないか（*2）。

いずれにせよ、ブレアはこうした兄弟にもまれ、70年代の末にはデビューを果たす。その最初の1枚が77年に出されたデニース・ラサールの『ザ・ビッチ・イズ・バッド』だった。デニースはその前年『セカンド・ブレス』をデトロイトで録音しているが、その中でビル・コデイの「ゲット・ユア・ライ・ストレート」と「アイム・バック・トゥ・コレクト」をカヴァーしていたものの、ハイのような柔らかなグルーヴは生み出せずにいた。そこで彼女はこのアルバムで再びメンフィスのミュージシャンを中心に組み、再起を図ろうとした。そのメンバーの一人にブレア・カニングハムがいた。「ビフォア・ユー・テイク・イット・トゥ・ザ・ストリート」では出世作「トラップト・バイ・ア・シング・コールド・ラヴ」をなぞり、かつてのグルーヴを取り戻そうとしているかのようだ。このアルバムからは「ラヴ・ミー・ライト」という久々のヒット曲が生まれ、彼女は息を吹き返した。

Fiesta の LP。

次に彼の名前が登場するのがフィエスタのアリスタ盤だ。フィエスタスとして「ソー・ファイン」の大ヒットを生んでソウルの創成期に貢献した後、70年代に入るやすっかり姿を変え、メンフィスのメンバーで固めていた。その彼らがフィエスタとしてアルバムまで出したのである。この頃からもうひとりのドラマー、ジェイムス・ロバートソンも加わり、幾多のアルバムに顔を出すことになる。この二人とベーシストのレイ・グリフィンはその後マラコに合流し、80年代のダウンホーム・ブルースのブームに大いに加担することになる。マラコが60年代末にミシシッピ州ジャクソンで産声を上げたとはいえ、そのサウンドがメンフィス・ソウルの影響を大きく受けていることは否定できない。だがそれをメンフィス・ソウルの復活と簡単に位置付けていいのだろうか。確かに80年代のマラコを中心とする躍進や83年のJ・ブラックフォットの「タクシー」の大ヒットは往年のメンフィス・ソウル・ファンを勇気づけてくれたものだ。当時の気分としてそれをメンフィス・ソウルの続きと見ることに何ら躊躇はしなかった。

だが、たとえば70年代までのメンフィス・ソウルのドラマーに限定しても、アル・ジャクソン、ハワード・グライムス、カーティス・ジョンソンにはたとえ共通点があっても、全く景色の違うメンフィス・スタイルを披露してくれたことは散々追及してきた通りだ。それに対して、80年代のウィリー・ホール、ブレア・カニングハム、ジェイムス・ロバートソンにそれだけの個性の違いがあるだろうか。彼らは確かにJ・ブラックフットやZ・Z・ヒル、デニース・ラサールのバックでメンフィス・スタイルを復活させてくれはしたが、そこには何々サウンドと言えるような個性の違いはなかったのではないか。ある意味でこれは歴史の宿命ともいえるような気がする。

最もたくましい音楽のひとつ

少し歴史を振り返ってみよう。1920年代にカントリー・ブルースが形を整え始めたころ、そのスタイルは様々だった。西はテキサス・スタイルからミシシッピ・デルタ・スタイルを経て、アラバマやジョージア、カロライナまで様々な〝カントリー〟ブルースがあった。それぱかりかその一つの地域ですらいくつかのサブ・スタイルがあったことが知られている。ところが、それらがメンフィス、アトランタ、セント・ルイス、シカゴ、デトロイト、あるいはニューヨークなどの都会に集結してくると、その多種多様さはひとつのまとまりを見せ始める。一概にシティ・ブルースと括ることには抵抗もあるが、カントリー・ブルースの多様さに比べれば平均化したことは否定できない。つまりまだギター・スタイルやヴォーカル・スタイルに多様化があるとはいえ、ピアノやベース、ドラムスの導入で一定の決まりが生じた。そのいい例がジャンプ・ブルースと言われるものだ。この世界で一番影響力を持ったのは紛れもなくルイ・ジョーダンだったが、彼はカントリー・ブルースの嫡子であったわけではない。むしろジャズ、ジャイヴ、一部のシティ・ブルース、バラードなどを統合してひとつのスタイルをまとめ上げたのだ。だがそれだけにその音楽をどこどこの地域で表すことは難しい。むしろその点こそが彼の音楽が強い影響力を持った一因なのだ。

だが戦後すぐに再びその地域性が明確になり始めた。第二次世界大戦という大きなブランクもその後押しになったが、エレキ・ギターの普及とゴスペル音楽の浸透も大きかった。前者がもたらしたのが再度地域性の強いブルースの誕生だった。テキサス／ウェスト・コーストからはT・ボーン・ウォーカーのような革新者が生まれて際立ったスタイルが生み出され、シカゴではミシシッピ・スタイルを電気化したシカゴ・ブルースが育った。そのほかの地域でも際立ったブルースが生み出されている。一方後者がもたらしたのが様々な地域のヴォーカル・グループを中心としたR&Bの隆盛だ。50年代中期にドゥー・ワップ・スタイルとして一律化されるまでのヴォーカル・スタイルはその地域的な違いというのがかなりあった。他にも特にニュー・オーリンズ、ウェスト・コーストではラテン音楽との融合も早くから始まり、その地ならではのR&Bが形作られた。

改めてメンフィスの歴史を振り返ってみよう。メンフィスには三度ほど大きな山があった。最初は20年代フランク・ストークスらが行きかっていたメンフィス・ブルースの時代だ。続いては戦後南部から北部への大移動が始まった時代、つまり40年代末から50年代にかけてメンフィスがいわば中継点ともなり、サンを中心として多くのレコーディングがなされた時代だ。そして60年代から70年代にかけてスタックス、ハイ、ゴールドワックスといったレーベルによって主導されたサザン・ソウルの時代である。中でもサザン・ソウルの時代は格段に長く、また充実した時代だったといってもいい。これほど長く一地域の音楽が根を張ったのは他に例がないほどだ。それは60年代に命脈を保ったデトロイトやシカゴのソウルよりも、70年代に花開いたフィラデルフィアのスウィート・ソウルよりも、ジョージ・カーやポール・カイザーによって独自の発展を遂げたニュー・ジャージーのソウルよりも長くたくましい生命力を保ったのだ。その時代ニューヨークやロサンジェルスは地域性よりも様々なスタイルを含むアマルガムの様相を呈した。

80年代はまた多様化の始まりとなったのだろうか。確かにニューヨークやオハイオでは新しい音楽の芽生えがあった。音楽に限らず新たな文化はどこか特定の場所で生まれるものだから、最初は地域性の色合いを強く持っているものだ。そのいい例が80年代にニューヨークで花開いたヒップホップである。それは時にウェスト・コーストに、時にテキサスに勢いの中心地を変えたが、ラップ自体は世界中に広まり、言語の違いを別にすれば、あまり地域性を重んじる人はいない。それはその手法自体に因がある。打ち込みという80年代の手法が地域の差をなくし、平均化に与しただけでなく、サンプリングという手法がその源流を見えにくくさせてしまった。恐らく現在のR&Bもまた地域性よりもかつてのR&Bをどう生かすか、そこにどうやって新たなスタイルを加えるかが重要なポイントとなるだろう。

現在演奏されるブルースでミシシッピ・スタイルが回顧されるように、ソウルでメンフィス・スタイルが回顧されるというのは決して生産的ではないだろう。それよりもなぜメンフィスであれだけ長い間、黒人音楽の中でも最もたくましい音楽の一つが育ったのかと問うことの方がむしろ生産的であるはずである。この本で取り上げた多くのミュージシャンやシンガーがその答えを用意してくれたはずだ。まさにメンフィス・アンリミテッド。それ以外の言葉はない。

(＊1)『Sweet Sweetheart』(Stax CDLUX 012)が英エースから2013年に発売され、初めてこの事実がわかった。

(＊2)〝Sweet Daddy Blues/Queen Bee〟(A 1000)、〝Soul Out/Banana Split〟(同 1003/1004)の2枚が出されている。

あとがき

長いトンネルだった。正体不明の感染症に悩まされ、いらぬ交流を避け、家に閉じこもる日々。ようやく出口が見えかけたと思ったら、今度は世界各地で血を血で洗う戦争の時代を迎えてしまった。その間音楽活動は縮小の一手をたどり、IT技術の進歩もあってライナー・ノーツを書くこともめっきり減ってしまった。家にいてもニュースが気になり、何事も身に入らない。いや時間はある、いっそのこと長年懸案だった書き下ろしを始めよう、これが本書を書き始めた動機である。まあ1年もあれば書き終えるだろう、という見通しは次々と覆され、結局3年を費やしてしまった。何よりも先入観にとらわれずにすべてを洗い直したので、常に原資料に戻る必要があった。出来上がるとさらに推敲を重ね、結局4年である。ちょうどコロナと騒がれ始めた期間と一致している。『メンフィス・アンリミテッド』というタイトルは最初から決めていたが、タイトルが決まっていて書き始めたのは今の今まで初めての経験である。

Pヴァインには恐らく80年前後からライナーを書き始め、既に40年以上が経過している。その間手掛けたものは編集も含め、延べにして300タイトルはあるだろう。その頃知り合ったデザイナーの五十嵐たかし氏とはコレクター仲間としても長く付き合い、今回も大変お世話になった。

改めてこの場を借りてお礼を申し上げたい。だからPヴァインに新たな書き下ろしを預けるというのは迷いのない選択だった。編集を担当してくださった野田努、小林拓音の両氏の仕事ぶりは会社に寄るたびにちらちら眺めていたので安心感があった。ありがとう、この言葉しかない。

鈴木啓志

鈴木啓志（すずき ひろし）

音楽と物理をこよなく愛する男。ソウル・ミュージックとのかかわりは深く、1964年高校２年の頃からのめりこんだ。大学時代はブルースとソウルのファン・クラブを友人と結成。そのまま執筆と紹介に明け暮れた。昭和２３年函館生まれだが、ほぼ東京っ子。おもな著書に『ブルース世界地図』（晶文社）、『R&B、ソウルの世界』（ミュージック・マガジン）、『ソウル・シティUSA～無冠のソウル・スター列伝』（リトル・モア）など多数。本書は、『ゴースト・ミュージシャン』（DU BOOKS）以来１０年ぶりの書き下ろしとなる。

メンフィス・アンリミテッド
――暴かれる南部ソウルの真実

2024年1月9日　初版印刷
2024年1月31日　初版発行

著　者　鈴木啓志
装　丁　五十嵐たかし(Dogs Inc.)
編　集　野田努＋小林拓音(ele-king)

発行者　水谷聡男
発行所　株式会社Pヴァイン
〒150-0031 東京都渋谷区桜丘町21-2 池田ビル2F
編集部:TEL 03-5784-1256
営業部(レコード店):TEL 03-5784-1250　FAX 03-5784-1251
http://p-vine.jp

発売元　日販アイ・ピー・エス株式会社
〒113-0034 東京都文京区湯島1-3-4
TEL 03-5802-1859　FAX 03-5802-1891

印刷・製本　シナノ印刷株式会社

ISBN978-4-910511-66-5